기술보호

실전 '법률' 매뉴얼

경영자가 반드시 알아야 할
기술유출 대응 시나리오

기술보호
실전 '법률' 매뉴얼

여현동, 황규호, 신상명, 이루네 지음

Protect
Your Innovation

원너스미디어

기술 전쟁의 시대,
당신의 무기는 준비되었습니까?

오늘날 기업의 생존을 결정짓는 것은 거창한 공장이나 막대한 자본이 아니라 바로 우리 회사만이 가진 '기술'과 '노하우'이다. 밤을 지새우며 개발한 소스코드 한 줄, 수만 번의 실패 끝에 찾아낸 최적의 공정 데이터, 그리고 경쟁사가 흉내 낼 수 없는 고객 관리 노하우까지. 이 모든 것이 기업의 심장이자, 미래의 성장을 담보하는 핵심적인 자산이 된다.

그러나 안타깝게도 많은 기업이 기술을 개발하는 데는 큰 돈과 많은 노력을 아끼지 않으면서, 정작 그 기술을 지키는 일에는 인색한 경우가 있다. "설마 우리 직원이?" "우리 같은 작은 회사 기술을 누가 탐내겠어?"라는 막연한 믿음과 안일함이 기업을 지배하는 것이다. 하지만 현실은 냉혹한 경우가 많다. 통계에 따르면 기술 유출의 대부분은 가장 믿었던 전·현직 내부 직원에 의해 발생하며, 특히 작은 기업일수록 한 번 유출된 기술은 회사의 존폐를 위협하는 부메랑이 되어 돌아올 수 있다.

이 책은 바로 그 '믿음의 배신'과 '준비 없는 비극'을 막기 위해 작성되었다.

기술 또는 영업비밀 유출 사례가 발생할 때마다 관계자들은 "법이 왜 우리를 보호해 주지 않느냐"고 호소한다. 하지만 법은 생각보다 냉정하다. 스스로 지키려는 노력을 기울이지 않은 비밀은, 법도 지켜주지 않는다. 법적 보호는 '당연한 권리'가 아니라, 치열하게 준비하고 관리한 자만이 누릴 수 있는 '보상'이기 때문이다.

이 책은 복잡한 법률 이론을 나열한 교과서가 아니다. 지금 당장 기술 보호를 시작해야 하는 기업의 경영진, 보안 담당자, 그리고 엔지니어를 위한 '실전 매뉴얼'이다.

책은 크게 세 부분으로 구성되어 있다.

Part 1 '기술 유출은 사전에 막는 것이 최선이다'에서는 유출이 발생하기 전, 우리 회사가 쳐야 할 방어막에 대해 다룬다. 법적으로 보호받는 기술의 요건은 무엇인지, 대기업 수준의 보안 시스템이 없는 중소기업이 최소한의 비용으로 최대의 법적 효력을 얻을 수 있는 '실행할 수 있는 최소한의 보호 조치'는 무엇인지 구체적인 가이드를 제시한다.

Part 2 '골든타임을 놓치지 마라'에서는 유출 징후를 포착했을 때의 초기 대응 전략을 다룬다. 당황해서 증거를 훼손하는 실수를 범하지 않도록, 내부 조사팀 구성부터 디지털 포렌식, 변호사 선임 타이밍까지, 위기 상황에서 즉시 펼쳐볼 수 있는 행동 지침을 가능한 한 쉽게 설명하고자 했다.

Part 3 '빼앗긴 기술을 되찾는 길'에서는 본격적인 법적 싸움을 다룬다. 형사 고소를 통해 가해자를 처벌하고, 민사 소송을 통해 손해를 배상받는 과정에서 기업이 반드시 알아야 할 소송 전략과 승패를 가르는 결정적 증거들에 대해 설명한다.

기술 보호는 더 이상 선택이 아니다. 경영의 필수 요소이자, 생존을 위한 마지막 보루라고 생각해야 한다. 이 책이 당신의 소중한 땀과 눈물이 담긴 기술을 지키는 가장 든든한 방패이자, 위기의 순간 적을 베는 예리한 칼이 되어주기를 바란다.

지금부터 이 책과 함께 우리 회사의 미래와 경쟁력을 지키기 위한 여정을 시작하자.

Contents ● ● ● ●

Part 2
골든타임을 놓치지 마라
: 기술유출 발생 시 대응 전략

Chapter 1 유출 정황 포착 – 무엇부터 해야 하나?

Chapter 2 법적 조치 개시 – 우리의 선택지는?

Part 3
빼앗긴 기술을 되찾는 길
: 법적 구제 절차의 모든 것

Chapter 1 형사 절차 – 범죄자를 처벌하는 길

Chapter 2 민사 절차 – 손해를 배상받는 길

경영자가 반드시 알아야 할
기술유출 대응 시나리오

Part 1

기술 유출은 사전에 막는 것이 최선이다

: 예방 시스템 구축

2025년 8월 2일, ○○경제신문

"믿었던 에이스의 배신"… 중소기업 A사, 5년 공들인 신기술 유출 '충격'

5년간 수십억 원을 투자해 개발한 '차세대 배터리 소재 기술', 핵심 연구원 퇴사 6개월 만에 경쟁사 B사의 신제품으로 둔갑해 출시돼… A사 주가 폭락, 존폐 위기 몰려

경기도 판교에 위치한 유망 중소기업 A사는 오늘 충격에 휩싸였다. 5년간 회사의 명운을 걸고 개발해 온 차세대 배터리 소재 기술이 경쟁사인 B사를 통해 거의 동일한 형태로 상용화된 사실이 알려졌기 때문이다. 더욱 충격적인 것은, 이 기술을 유출한 핵심 용의자로 지목된 인물이 바로 6개월 전 '건강상의 이유'로 퇴사한 A사 창립 멤버이자 핵심 연구원이었던 박 모 팀장이라는 점이다.

박 팀장은 A사 대표와 10년 넘게 동고동락하며 기술 개발을 이끌어 온 '에이스'였다. 회사는 그를 믿고 별다른 보안 조치나 제약

없이 모든 핵심 데이터에 접근할 수 있는 권한을 부여했다. 하지만 그는 퇴사 직전 한 달간, 자신의 업무와 무관한 다량의 연구 데이터와 공정 설계도를 개인용 외장하드에 옮긴 것으로 내부 조사 결과 드러났다.

A사 대표는 "매일 밤을 새워가며 자식처럼 키운 기술을 한순간에 도둑맞은 심정"이라며 "사람을 믿은 대가가 이렇게 클 줄 몰랐다"고 망연자실했다. B사는 해당 기술 분야에 경험이 전무했으나, 박 팀장을 영입한 직후 이례적으로 빠른 속도로 신제품을 출시하며 업계를 놀라게 했다. 이 소식이 전해지자 A사의 주가는 급락했고, 예정되어 있던 대규모 투자 유치 역시 전면 보류되며 회사는 존폐의 기로에 서게 됐다.

....

방금 본 기사는 중소기업에서 숱하게 일어나는 비극의 한 단면을 각색한 것이다. 회사의 이름과 기술의 종류만 달라질 뿐, '믿었던 사람'에 의해 '내부'에서 핵심 기술이 유출되어 회사가 하루아침에 위기에 빠지는 패턴은 놀라울 정도로 반복된다.

많은 기업이 기술유출 사고가 터진 후에야 부랴부랴 대응에 나서지만, 그때는 이미 소중한 기술이 경쟁사의 손에 넘어간 뒤일 수 있다. 통계적으로도 기술유출의 가장 많은 경로는 외부의 해커나 산업스파이가 아닌, 바로 '전·현직 내부 직원'이다. 수년간 회사와 신뢰 관계를 쌓아온 직원이 핵심 정보에 가장 쉽게 접근할 수 있기 때문이다.

따라서 가장 효과적인 전략은 유출 자체가 발생하지 않도록 튼튼한 방어벽을 미리 구축하는 것이다. 기술유출은 '사건'이 터졌을 때 해결하는 문제가 아니라, '평시'에 예방하고 관리해야 하는 시스템의 문제다. 제대로 된 시스템만 갖추었다면 위 기사의 A사는 비극을 막을 수 있었을지도 모른다.

이 장(Part 1)에서는 우리 회사가 보유한 어떤 기술적 자산이 법적 보호 대상이 되는지를 살펴보고, 이를 지키기 위한 구체적인 내부 및 외부 관리 시스템 구축 방안을 상세히 제시하고자 한다. 우리 회사의 소중한 기술 자산을 지키는 첫걸음, 지금부터 함께 시작해 보자.

Protect Your Innovation
From Prevention to Legal Relief

Chapter 1

무엇을 지킬 것인가?

기업 담당자들과 미팅을 하다 보면 흔히 듣는 말이 있다.

"변호사님, 이 기술은 우리 회사의 핵심 기술입니다. 당연히 영업비밀이지요."

경영진이나 개발자의 입장에서 그 기술은 자식과도 같은 소중한 존재일 것이다. 하지만 '회사에 중요한 기술'이라는 사실과 '법적으로 보호받는 영업비밀'이라는 요건은 엄연히 다르다. 아무리 회사의 운명을 좌우할 핵심 기술이라 하더라도, 법이 정한 기준에 맞춰 '비밀'로 관리되지 않았다면, 법정에서는 그저 '누구나 알 수 있는 정보'로 취급될 수 있다.

기술 보호의 시작은 막연한 중요성을 강조하는 것이 아니라, '우리가 가진 것 중 무엇이 법의 보호를 받을 수 있는가'를 냉정하게 식별하는 것에서 출발한다. 우리 회사의 고객 리스트나 배합 비율은 '영업비밀'로서 보호받을 수 있는지, 국가 R&D 지원을 받은 이 기술은 혹시 '국가핵심기술'로 지정되어 보다 강력한 보안 규제를 적용받아야 하는 것은 아닌지 명확히 구분해야 한다. 이 구분이 선행되지 않으면, 엉뚱한 곳에 예산을 낭비하거나 정작 지켜야 할 핵심 자산을 무방비 상태로 방치하는 우를 범하게 될 수 있다.

이 장에서는 기술 보호 전략의 첫 단추인 '보호 대상의 식별'을 다룬다.

부정경쟁방지법이 요구하는 '영업비밀'의 3가지 요건(비공지성, 경제적 유용성, 비밀관리성)이 구체적으로 무엇인지, 판례는 어떤 정보를 비밀로 인정하고 있는지 살펴볼 것이다. 또한, 기업의 사활을 넘어 국가 안보와 직결되는 '산업기술'과 '국가핵심기술'의 개념을 명확히 하고, 우리 회사의 자산이 어디에 속하는지 판단할 수 있는 기준을 제시하고자 한다.

무엇을 지켜야 할지 모른다면, 당연히 어떻게 지킬지도 알 수 없다. 지금부터 우리 회사의 서랍 속, 서버 깊은 곳에 잠들어 있는 자산들의 '이름표'를 다시 확인해보는 시간을 가져보자.

법은 어떤 기술을 보호해 주는가?

기술보호 전략의 출발점은 우리 회사의 기술 자산이 법의 보호 체계 안에서 어떤 위치에 있는지를 정확히 파악하는 것이다. 법은 기술의 중요도와 성격에 따라 기술을 크게 3가지 범주로 나누어, 각기 다른 수준의 보호를 제공하고 있다.

물론 기술을 보호하는 방법에는 특허권, 실용신안권과 같이 특허청에 '출원'하고 '등록'하여 독점권을 확보하는 강력한 제도도 있다. 하지만 이러한 산업재산권은 기술을 사회에 '공개'

하는 것을 대가로 권리를 부여받는다는 점에서, '비밀'로 관리되던 정보가 '비공개적'으로 빠져나가는 '기술유출'과는 보호의 철학이 다르다. 따라서 이 책에서는 기술유출의 본질에 집중하기 위해, 공개를 전제로 하는 산업재산권에 대한 설명은 생략한다.

영업비밀, 가장 넓은 보호 우산

일상에서 우리는 '비밀'이라는 말을 폭넓게 사용한다. 친구와 나눈 이야기, 우리 팀만의 회식 장소처럼 말이다. 하지만 법의 세계에서 '비밀'은 보다 엄격한 의미를 갖는다. 즉, 모든 비밀이 법의 보호를 받는 것은 아니며, '영업비밀'로 인정받기 위해서는 법이 정한 명확한 요건을 갖추어야 한다.

영업비밀의 정의와 요건은 「부정경쟁방지 및 영업비밀보호에 관한 법률」(이하 '부정경쟁방지법')에 규정되어 있다. 부정경쟁방지법 제2조 제2호는 영업비밀을 "공공연히 알려져 있지 아니하고 독립된 경제적 가치를 가지는 것으로서, 비밀로 관리된 생산방법, 판매방법, 그 밖에 영업활동에 유용한 기술상 또는 경영상의 정보"라고 정의한다. 이 정의는 우리가 흔히 생각하는 첨단 기술에 국한되지 않는다. 오히려 고객 리스트, 원가 정보, 내부 교육 자료, 사업 계획 등 기업 경쟁력과 직결되는 모든 유용한 경영상 정보까지 아우르는 매우 포괄적인 개념이다.

영업비밀은 특허와 달리 별도의 등록 절차가 필요 없어, 정보가 구체화된 순간부터 보호받을 수 있다는 큰 장점이 있다. 하지만 법의 보호를 받기 위해서는 반드시 3가지 전제 조건을 충족해야 한다. 앞서 살펴본 정의 조항에도 나타나 있는 것처럼, 이 요건들은 바로 '비공지성' '경제적 유용성' 그리고 '비밀관리성'이다. 이 3가지 요건 중 실무적으로나 소송에서 가장 치열하게 다투어지는 부분이 바로 '비밀관리성'이다. 부정경쟁방지법에서 비밀관리성을 요구하는 원리는 간단하다. 정보의 소유자 스스로가 그것을 '비밀'로서 소중히 다루고 지키려는 노력을 하지 않았다면, 국가가 나서서 그 정보를 보호해 줄 이유가 없다는 것이다. 따라서 회사가 비밀로 관리하지 않은 정보는 법의 보호 대상에서 제외된다. 이 '비밀관리성' 요건을 충족하지 못하면, 아무리 가치 있는 정보라도 법의 보호를 받기 어렵다는 점을 반드시 명심해야 한다.

그렇다면 어떤 정보들이 영업비밀로 인정받을 수 있을까? 영업비밀은 크게 '기술상 정보'와 '경영상 정보'로 나눌 수 있다. 법원 판례를 통해 인정된 사례를 중심으로 살펴보자.

· 기술상 정보의 예시 ·

세계적으로 유명한 코카콜라의 제조법이나 KFC 치킨의 11가지 양념 레시피는 영업비밀의 고전적인 예시이다. 이처럼 특정 제품의 맛이나 품질을 결정하는 제조 노하우나 배합 비율 데이터는 중요한 기술상 정보가 된다.

소프트웨어의 소스코드 역시 핵심적인 영업비밀이다. 법원은 특정 인터넷 서비스 제공을 위한 웹사이트 소스 프로그램에 대해, 독립된 경제적 가치를 가지며 비밀로 관리되었다면 영업비밀에 해당한다고 판단한 바 있다.

기계 장치의 설계 도면 또한 마찬가지다. 실제로 법원은 특정 기계의 '부품도 및 조립도'에 대해, 각 부품의 규격, 재질, 가공방법, 오차 등에 대한 정보가 집약되어 있어 도면 없이는 단기간에 동일한 기계를 제작하기 어렵다는 이유로 영업비밀성을 인정한 사례가 있다.

성공한 데이터뿐만 아니라, 수많은 시행착오 끝에 얻어진 '실패한 실험 데이터' 역시 중요한 영업비밀이 될 수 있다. 경쟁사가 동일한 실패를 반복하지 않도록 하여 개발 시간과 비용을 획기적으로 절감시켜 주기 때문이다. 이는 정보가 가진 '소극적 경제 가치'를 인정한 것으로, 기술 개발 과정에서 축적된 모든 데이터가 자산이 될 수 있음을 보여준다.

· 경영상 정보의 예시 ·

고객 명단은 가장 흔하게 분쟁이 되는 경영상 정보이다. 단순히 인터넷 검색 등으로 쉽게 알 수 있는 상호와 연락처만 모아놓은 목록은 영업비밀로 인정받기 어렵다. 하지만 법원은 고객의 특성, 거래 내용, 신용 상태, 담당자 연락처 등 상당한 비용과 노력을 들여 관리해 온 고객 정보 파일에 대해서는 영업비밀성을 폭넓게 인정하고 있다.

이 외에도, 효율적인 재고 관리를 위한 물류 시스템 운영 노하우, 직원들의 역량 강화를 위해 특별히 제작된 내부 교육 교재 및 매뉴얼, 향후 5년간의 사업 확장을 위한 구체적인 로드맵과 예산이 담긴 사업계획서 등도 중요한 경영상 영업비밀이 될 수 있다.

이처럼 영업비밀의 범위는 매우 넓으며, 기업의 경쟁력과 직결된 거의 모든 유용한 정보가 그 대상이 될 수 있다. 중요한 것은 그 정보의 형태가 아니라, 그것이 우리 회사에 가져다주는 '경제적 가치'와 그것을 지키기 위한 '비밀관리 노력'이다.

산업기술, 우리 산업의 경쟁력이 되는 기술

영업비밀이 '기업의 노력'을 전제로 보호받는 사적인 재산권의 성격이 강하다면, 산업기술은 그 기술이 갖는 '공적인 가치'에 더 큰 비중을 두는 개념이다. 즉, 개별 기업의 자산을 넘어 국가 산업 전체의 경쟁력과 직결되는 중요한 기술을 특별히 보호하기 위한 제도다.

· 개념

「산업기술의 유출방지 및 보호에 관한 법률」(이하 '산업기술보호법') 제2조 제1호는 산업기술을 "제품 또는 용역의 개발·생산·보급 및 사용에 필요한 기술상의 정보 중에서 관계 중앙행정기관의 장이 소관 분야의 산업경쟁력 제고 등을 위하여 법률 또는 법률에서 위임한 명령에 따라 지정·고시·공고·인증하는 기술"로 정의한다.

· 영업비밀과의 결정적 차이

가장 중요한 차이점은 산업기술이 되기 위해 반드시 영업비밀의 3가지 요건(비공지성, 경제적 유용성, 비밀관리성)을 모두 충족할 필요가 없다는 점이다. 물론 대부분의 산업기술은 현실적으로 기업이 비밀로 관리하는 영업비밀이기도 하다. 하지만 산업기술보호법의 핵심은 기업의 '비밀관리 노력' 여부와 상관없이, 그 기술 자체의 '국내 산업의 경쟁력에 미치는 영향력'을 기준으로 보호 대상을 정한다는 데 있다. 즉, 설령 회사의 관리 소홀로 '비밀관리성'에 흠결이 생겼더라도, 그 기술이 법령에 따라 산업기술로 지정되었다면 이 법에 따른 강력한 보호를 받을 수 있다. 다만, 산업기술은 행정기관 등의 공식적인 지정 절차가 필요하다는 점에서, 앞서 언급한 3가지 요건을 충족하면 자동으로 보호가 되는 영업비밀에 비해 불리한 점도 존재한다.

· 핵심

산업기술은 개별 기업의 재산을 보호하는 것을 넘어, 국가 경제라는 더 큰 틀에서 기술의 해외 유출을 막고 국내 산업 생태계를 지키려는 목적을 가진다. 따라서 산업기술을 부정한 방법으로 유출하거나 침해하면, 부정경쟁방지법 위반보다 훨씬 무거운 처벌을 받게 된다.

그렇다면 어떠한 기술들이 산업기술로 인정받을 수 있을까? 산업기술은 우리나라의 주력 산업과 미래 성장 동력 분야에서 그 예를 쉽게 찾아볼 수 있다. 법령에 따라 지정된 산업기술은 그 자체로 국가 경제에 미치는 파급력이 크다고 인정된 것들이다.

· **구체적인 예시** ·

디스플레이 분야에서는 차세대 디스플레이로 각광받는 OLED나 MicroLED 패널의 대량 생산을 위한 증착 및 검사 공정 기술이 대표적이다. 이는 단순히 한 기업의 제품 경쟁력을 넘어, 우리나라가 세계 디스플레이 시장을 선도하는 데 필수적인 기술이기에 산업기술로 관리된다.

또한 이차전지 분야에서는 전기차의 주행거리와 안정성을 결정하는 고밀도 리튬이온 배터리의 양극재·음극재 설계 및 제조 기술이 중요한 산업기술에 해당하며, 바이오 분야에서는 특정 항체 의약품을 안정적으로 생산하기 위한 세포주 개발 및 대량 배양 기술 등 막대한 R&D 투자가 필요한 고부가가치 기술들이 산업기술의 범주에 포함된다. 이처럼 산업기술은 개별 기업의 성과를 넘어 국가 산업의 미래를 책임지는 중요한 자산으로 다루어진다.

국가핵심기술, 국가 안보와 직결되는 기술

산업기술 중에서 차상위 등급에 위치하며 가장 강력한 보호를 받는 것이 바로 '국가핵심기술'이다. 이는 단순히 산업 경쟁력을 넘어, 국가의 존립과 안위에 직접적인 영향을 미칠 수 있는 기술을 의미한다.

· 개념

산업기술보호법 제2조 제2호는 국가핵심기술을 "국내외 시장에서 차지하는 기술적·경제적 가치가 높거나 관련 산업의 성장 잠재력이 높아 해외로 유출될 경우에 국가의 안전보장 및 국민경제의 발전에 중대한 악영향을 줄 우려가 있는 산업기술"로 정의한다. 산업통상자원부 장관이 관계 부처와의 협의 및 위원회 심의라는 엄격한 절차를 거쳐 지정하고 고시하는데, 이는 해당 기술이 단순한 경제적 자산을 넘어 국가적 차원에서 관리해야 할 전략 자산임을 의미한다.

· 산업기술과의 차이점

모든 국가핵심기술은 산업기술에 포함되지만 그 역은 성립하지 않으며, 국가핵심기술은 산업기술 중에서도 '국가 안전보장'과 '국민경제 발전'에 미치는 영향이 '중대한' 경우로 그 범위가 한정된다. 이 '중대성'이 바로 산업기술과 국가핵심기술을 가르는 결정적인 기준이다.

· 핵심

가장 강력한 법적 보호를 받는 기술이다. 국가핵심기술을 해외로 유출하는 행위는 단순한 재산권 침해를 넘어 국가 안보에 대한 중대한 위협 행위로 간주된다. 따라서 수출 또는 해외 기업으로의 매각·인수합병 시 정부의 사전 승인을 받아야 하는 등 엄격한 행정적 통제가 가해지며, 위반 시에는 최소 3년 이상의 징역이라는 무거운 형사처벌을 받게 된다.

· 국가첨단전략기술과의 관계 ·

최근 뉴스에서 '반도체 특별법'이나 'K-칩스법'이라는 용어를 들어보았을 것이다. 이는 기술 패권 경쟁이 격화되면서, 기존의 '국가핵심기술'보다 한층 더 강력한 보호와 육성이 필요한 분야를 위해 「국가첨단전략산업 경쟁력 강화 및 보호에 관한 특별조치법(국가첨단전략산업법)」이 제정되었기 때문이다.

쉽게 말해, 국가핵심기술이 우리나라 산업 전반을 지키는 '방패'

라면, 나아가 국가첨단전략기술은 그 중에서도 반도체, 디스플레이, 이차전지, 바이오 등 4대 핵심 산업의 미래를 개척하는 '창'이자 가장 두꺼운 '갑옷'이다. 대부분의 국가첨단전략기술은 국가핵심기술에도 포함되지만, 이 특별법의 적용을 받게 되면 보호의 강도가 크게 달라진다.

국가첨단전략기술로 지정되면 정부는 해당 기술을 보유한 기업에 대해 전용 특화단지 조성, 신속한 인허가, 세제 혜택 등 파격적인 지원을 제공한다. 반면, 의무도 커진다. 기업은 핵심 전문인력을 지정하여 이들과 '전직 금지 계약'을 체결해야 하며, 정부는 필요시 이들의 출입국 내역을 모니터링할 수 있다. 기술 유출이 주로 '사람'을 통해 일어난다는 점을 감안하여, 인력 관리에 대한 국가적 개입 근거를 마련한 것이다.

· 대외무역법과의 관계 ·

기술을 보호하는 또 다른 축은 바로 「대외무역법」이다. 산업기술보호법이 '우리나라의 경제적 이익'을 지키기 위한 법이라면, 대외무역법은 '국제사회의 평화와 안전'을 지키기 위한 목적이 추가된 법이라고 볼 수 있다.

예를 들어, 미사일이나 핵무기 개발에 쓰일 수 있는 기술은 '전략기술'로 분류되어 엄격한 수출 통제를 받는다. 어떤 기술은 '국가핵심기술'이면서 동시에 대외무역법상 '전략물자(기술)'일 수 있는데, 이 경우 기업은 산업통상자원부의 기술 수출 승인(산업기술보호법)과 전략물자 수출 허가(대외무역법)라는 두 개의 관문을 모두 통과해야 한다.

또한, 대외무역법은 기술이 담긴 장비나 USB를 보내는 눈에 띄는 행위뿐만 아니라, 이메일 전송이나 해외에서의 기술 지도, 세미나 발표 등 눈에 보이지 않는 형태의 기술 이전도 '수출'로 간주하여 규제한다. 따라서 우리 기업의 엔지니어가 해외 지사의 외국인 직원에게 도면 파일을 이메일로 전송하는 행위조차도, 사전에 허가를 받지 않았다면 법 위반으로 처벌받을 수 있다.

· 구체적인 예시 ·

우리나라의 미래 먹거리를 책임지는 최첨단 분야의 기술들이 대부분 국가핵심기술로 지정되어 있다.

대표적으로 반도체 분야에서는 인공지능과 자율주행의 두뇌가 되는 3나노 이하 시스템 반도체 공정 기술이나 고대역폭 메모리(HBM) 반도체 설계 기술이 해당된다. 이러한 기술이 경쟁국으로 넘어갈 경우, 우리나라의 기술 기반이 흔들릴 수 있기에 국가핵심기술로 엄격히 관리하는 것이다. 특히 이들 중 상당수는 '국가첨단전략기술'로도 지정되어, 평택·용인 등의 특화단지에서 국가 차원의 전폭적인 지원과 철통같은 보안 감시를 동시에 받고 있다.

또한, 조선 분야에서는 천연가스를 극저온으로 운송하는 LNG 운반선의 화물창 설계 및 건조 기술이 세계 최고 수준의 기술력을 요하는 국가핵심기술이며, 철강 분야에서는 최근 지정된 '딥러닝 인공지능 기반의 고로 조업 자동제어 기술'처럼, 전통 산업에 IT 기술을 융합하여 생산성을 극대화하고 경쟁국과의 격차를 벌리는 기술도 국가핵심기술로 관리된다. 여기에 더해, 최근 고성능 AI 반도체나 관련 제어 기술이 군사적 목적으로 전용될 가능성이 있다면, 대외무역법상 '전략물자(기술)'로도 분류되어 수출 시 최종 사용자가 누구인지, 우려 국가로 흘러가지는 않는지 국제적 기준에 따른 별도의 심사를 받아야 한다.

정리하면, 대부분의 기업 정보는 '영업비밀'에서 보호가 시작되며, 그 가치와 중요성이 커짐에 따라 '산업기술' 또는 '국가핵심기술'로 지정되어 더 두터운 보호를 받을 수 있다. 이제 이러한 법적 개념들을 가장 익숙한 지식재산권인 '특허'와 비교하여 그 차이점을 명확히 짚어보도록 하자.

특허 · 영업비밀 · 산업기술 · 국가핵심기술 비교

구분	특허 (Patent)	영업비밀 (Trade Secret)	산업기술 (Industrial Technology)	국가핵심기술 (National Core Technology)
핵심 개념	'공개'를 대가로 부여받는 '**독점배타권**'	'비밀'로 관리하는 모든 '**유용한 정보**'	국가 경쟁력에 중요한 '**가치 있는 기술**'	국가 안보 및 경제에 중대한 영향을 미치는 '**중요 기술**'
보호 요건	신규성, 진보성, 산업상 이용가능성을 갖추어 특허청에 '**등록**'	**비공지성, 경제적 유용성, 비밀관리성** 3가지 요건 충족(별도 등록 불필요)	산업기술보호법에 따라 지정된 기술	산업기술 중 심의를 거쳐 지정 및 고시된 기술
공개 여부	출원 후 1년 6개월 경과 시 **원칙적 공개**	'반드시 비공개'로 유지해야 함	원칙적으로 비공개 (영업비밀의 성격)	원칙적으로 비공개 (영업비밀의 성격)
보호 기간	**출원일로부터 20년** (기간 만료 후 공공의 자산)	요건 충족 시 '영구적'으로 보호 가능	지정된 기간 동안 보호	지정된 기간 동안 보호
권리의 효력	**절대적 독점권**(선의의 제3자를 포함, 누구에게나 권리 주장 가능)	**상대적 권리**(부정한 방법으로 취득/사용한 자에게만 주장 가능)	영업비밀 보호 + 부정행위 시 **가중처벌**	산업기술 보호 + **더 강력한 가중처벌 + 수출 등 행정적 통제**
주요 근거 법률	특허법	부정경쟁방지법	산업기술보호법	산업기술보호법
주요 보호 대상 예시	스마트폰의 특정 구동 방식, 신약의 화학 구조	코카콜라 제조법, 반도체 수율 향상 노하우, 고객 리스트	차세대 디스플레이 패널 제조 공정 기술	3나노 이하 시스템 반도체 공정 기술, 고부가가치 선박 건조 기술
전략적 활용	시장에서 기술적 우위를 명확히 하고 모방을 막고자 할 때	공개 시 모방이 쉽거나, 20년 이상 보호가 필요할 때	국가적 지원을 받거나, 해외 유출 시 강력한 제재가 필요할 때	국가 안보와 직결되어 해외 매각/수출 등에 엄격한 통제가 필요할 때

　이 표는 기업이 새로운 기술을 개발했을 때 어떤 보호 전략을 선택해야 할지 결정하는 데 중요한 나침반이 된다. 기술을 세상에 공개하고 20년의 독점권을 가질 것인가(특허), 아니면 영원히 비밀로 유지하며 경쟁 우위를 지킬 것인가(영업비밀)는 기업의 비즈니스 모델과 기술의 특성에 따라 신중하게 결정해야 할 문제다.

'영업비밀'이 되기 위한
3가지 요건

앞서 우리 회사의 정보가 법적으로 '영업비밀'로 인정받기 위해서는 비공지성, 경제적 유용성, 비밀관리성이라는 3가지 요건을 모두 충족해야 한다고 강조한 바 있다. 이 3가지 요건은 법정에서 영업비밀의 성립 여부를 판단하는 핵심적인 기준이 되며, 소송의 승패를 가르는 가장 중요한 쟁점이다. 따라서 각 요건이 구체적으로 무엇을 의미하는지, 그리고 우리 회사가 이 요건들을 충족하기 위해 무엇을 해야 하는지 명확히 이해하는 것이 중요하다.

(1) 비공지성 (공공연히 알려져 있지 않을 것)

· 개념

비공지성이란 말 그대로 해당 정보가 간행물이나 인터넷 등을 통해 불특정 다수에게 알려져 있지 않아, 정보 보유자를 통하지 않고서는 통상적으로 그 정보를 얻을 수 없는 상태를 의미한다. 여기서 '공공연히 알려져 있다'는 것은 그 정보가 국내외에서 널리 알려져 있거나, 해당 업계 종사자들이 쉽게 접근하여 알 수 있는 상태를 말한다.

· 판단 기준

비공지성 여부는 단순히 '알려졌는가'의 문제가 아니라, '어떻게' '누구에게' '어느 정도까지' 알려졌는지를 종합적으로 고려하여 판단한다. 법원은 이와 관련하여 몇 가지 구체적인 기준을 제시하고 있다.

· '상대적 비밀'이면 충분

비공지성은 '절대적 비밀', 즉 세상에 단 한 사람도 모르는 완벽한 비밀을 요구하지 않는다. 법원은 정보에 접근할 수 있는 사람이 특정인으로 제한되어 있고, 그들에게 비밀유지의무가 부과되어 있다면 비공지성이 인정된다고 본다. 예를 들어, 우리 회사 직원들이나 계약 관계에 있는 협력사 직원들이 업무상 그 정보를 알고 있더라도, 근로계약서나 비밀유지계약(NDA)을 통해 비밀을 지킬 의무가 있다면 그 정보는 여전히 '공공연히 알려지지 않은' 상태로 본다. 따라서 정보의 확산을 통제할 수 있는 법적·계약적 장치가 있는가 하는 점이 중요하게 다루어진다.

· 간행물 게재와 그 한계

학술 논문, 특허 공보, 신문 기사, 서적 등 공개된 간행물에 실린 정보는 원칙적으로 비공지성이 부정된다. 하지만 여기서 중요한 것은 '공개된 정보의 수준'이다. 만약 간행물에 기술의 원리나 개략적인 구성 등 추상적인 내용만 실려 있고, 실제 제품을 구현하는 데 필요한 구체적인 수치, 노하우, 설계 상세 등 핵심적인 정보가 빠져 있다면, 그 핵심 정보에 대해서는 여전히 비공지성이 인정될 수 있다. 법원은 공개된 정보로부터 나머지 핵심 정보를 쉽게 추론할 수 없다면, 그 정보는 여전히 보호받을 가치가 있다고 본다.

· 역설계(Reverse Engineering)와 노력의 정도

시중에 판매되는 제품을 분해하거나 분석하여 그 기술 정보를 알아내는 것을 '역설계'라고 한다. 만약 약간의 노력과 비용만으로 쉽게 역설계가 가능하다면, 그 기술은 사실상 공개된 것이나 다름없으므로 비공지성이 부정될 수 있다. 하지만 대법원은 "상당한 시간과 비용, 노력을 투자해야만 역설계를 통해 정보를 얻을 수 있는 경우"에는 비공지성이 유지된다고 일관되게 판단하고 있다. 여기서 '상당한 노력'이란, 동종 업계의 전문가가 합법적인 방법으로 제품을 분석하더라도 단기간에 쉽게 알아낼 수 없는 기술적 장벽이 존재함을 의미한다.

· 실무적 시사점

우리 회사의 정보가 비공지성을 갖추었는지 판단하기 위해서는 "이 정보를 모르는 사람이 정당한 방법으로 알아내려면 얼마나 어려울까?"를 스스로 물어보아야 한다. 만약 인터넷 검색 몇 번이나 간단한 분석만으로 알 수 있는 정보라면 영업비밀로 보호받기 어렵다. 반면, 오랜 연구개발이나 시행착오를 통해서만 얻을 수 있는 정보라면 비공지성을 갖추었을 가능성이 높다.

(2) 경제적 유용성 (독립된 경제적 가치를 가질 것)

· 개념

경제적 유용성이란 해당 정보를 보유함으로써 경쟁사에 대해 경쟁상의 이익을 얻을 수 있거나, 그 정보를 취득하거나 개발하기 위해 상당한 비용이나 노력이 필요한 경우를 의미한다. 즉, 그 정보가 기업의 영업활동에 직접적이든 간접적이든 '돈이 되는 가치'를 가지고 있어야 한다는 뜻이다.

· 판단 기준

경제적 유용성은 법정에서 비교적 폭넓게 인정된다. 법원은 정보가 가진 가치를 '현재'의 관점에서만 보지 않고, '미래'의 잠재적 가치까지 고려하여 판단하기 때문이다.

· '사용 가치'와 '보유 가치'의 인정

정보의 유용성은 2가지 측면에서 판단할 수 있다. 첫째는 그 정보를 사용함으로써 생산 비용을 절감하거나, 제품의 품질을 향상시키거나, 새로운 고객을 유치하는 등 직접적인 이익을 얻을 수 있는 '사용 가치'다. 둘째는 정보 그 자체를 보유함으로써 경쟁사가 동일한 정보를 개발하는 데 드는 시간과 비용을 절약하게 해주는 '보유 가치'다. 법원은 이 2가지 가치 중 어느 하나만 인정되어도 경제적 유용성은 충족된다고 본다. 즉, 당장 사용하지 않더라도 그 정보를 가지고 있다는 사실만으로도 경쟁 우위를 점할 수 있다면 가치가 있다는 것이다.

· 실제 사용 여부 및 완성도는 불문

해당 정보를 현실적으로 사용하고 있지 않더라도, 앞으로 사용할 가능성이 있거나 잠재적인 가치가 있다면 경제적 유용성은 인정된다. 예를 들어, 아직 연구개발 단계에 있어 미완성 상태인 기술 정보라도, 그것이 향후 완성되었을 때 상당한 경제적 가치를 가질 것으로 기대된다면 보호 대상이 될 수 있다.

· '실패한 데이터'의 가치(소극적 가치)

앞서 언급했듯이, 수많은 시행착오 끝에 얻어진 '실패한 실험 데이터'나 '잘못된 설계도' 역시 중요한 경제적 가치를 가진다. 대법원은 이러한 '소극적 정보'에 대해 "경쟁사가 동일한 시행착오를 거치지 않도록 하여 연구개발 기간과 비용을 상당 부분 절약시켜 준다면 독립된 경제적 가치를 가진다"고 명확히 판시하고 있다. 이는 성공으로 가는 길목에서 겪었던 실패의 경험조차도 우리 회사의 소중한 자산임을 법이 인정하고 있다는 의미다.

· 사회질서 위반 정보는 제외

다만, 탈세 방법이나 환경오염 물질 배출 노하우처럼 사회 공공의 이익이나 질서에 반하는 정보는 경제적 가치가 크더라도 법의 보호를 받을 수 없다.

· 실무적 시사점

우리 회사가 가진 정보의 경제적 가치를 입증하기 위해서는 "이 정보를 개발하기 위해 우리는 얼마의 돈과 시간을 투자했는가?" 그리고 "경쟁사가 이 정보를 알게 되면 얼마나 이익을 볼 것인가?"에 대한 객관적인 자료를 준비하는 것이 중요하다. 연구개발비 투자 내역, 프로젝트 참여 인력의 인건비, 시장 분석 보고서 등이 향후 분쟁에서 유용한 증거가 될 수 있다.

(3) 비밀관리성 (비밀로 관리되고 있을 것)

· 개념 및 연혁

비밀관리성은 영업비밀의 3가지 요건 중 가장 중요하고, 또 가장 많은 변화를 겪어온 개념이다. 이는 정보 보유자가 해당 정보를 비밀로 유지하기 위해 기울인 노력을 의미하는데, 우리 법은 시대의 흐름과 중소기업의 현실을 반영하여 그 요구 수준을 점차 완화해 왔다. 과거 우리 법은 기업에게 '상당한 노력'을 요구했다. 이는 대기업 수준의 철저한 보안 시스템을 연상시키는 높은 기준이어서, 안타깝게도 많은 중소기업이 이 요건을 충족하지 못해 소중한 기술을 보호받지 못하는 경우가 많았다. 이러한 문제를 해결하기 위해 법은 '합리적인 노력'으로 그 기준을 완화했다. 이는 기업의 규모나 상황을 고려한 보다 유연한 기준이었지만, 여전히 '노력'의 정도를 법정에서 입증해야 하는 부담이 있었다. 그리고 마침내, 2019년 법 개정을 통해 현행 규정인 '비밀로 관리된' 상태라는 요건으로 변경되었다. 이는 '노력의 정도'를 따지기보다, '비밀로 관리되고 있다는 객관적인 사실' 그 자체에 중점을 두는 것이다. 즉, "우리 회사는 이 정보를 비밀로 취급하고 있습니다"라는 사실을 제3자가 명확히 인식할 수 있도록 관리하고 있기만 하면 충분하다는 의미다. 이러한 변화는 특히 보안 투자 여력이 부족한 중소기업의 부담을 크게 덜어준 매우 중요한 개정이라 할 수 있다.

· 판단 기준

법원은 비밀관리성 여부를 판단할 때, 어느 하나의 조치만으로 결정하지 않고 기업이 취한 여러 조치들을 종합적으로 고려한다.

· 객관적 인식 가능성

비밀관리 조치는 대표이사나 담당자의 주관적인 생각에 그쳐서는 안 되며, 외부에서 객관적으로 인식할 수 있어야 한다. 예를 들어, 대표이사가 마음속으로만 '이건 비밀이야'라고 생각하는 것은 아무런 법적 의미가 없다. 직원들이나 거래처가 "아, 이 정보는 비밀로 다루어야 하는구나"라고 명확히 인식할 수 있도록 물리적, 기술적, 인적 조치가 필요하다.

· 구체적인 관리 조치

법원이 비밀관리성을 인정하는 대표적인 조치들은 다음과 같다.

① 비밀 표시 또는 고지

문서나 파일에 '대외비' 'Confidential' '영업비밀' 등의 문구를 명확히 표기하거나, 정보에 접근하는 사람에게 구두 또는 서면으로 해당 정보가 비밀임을 알리는 것은 가장 기본적인 조치다.

② 접근 제한 조치

정보에 접근할 수 있는 사람을 '꼭 알아야 할 사람(Need-to-know)'으로 제한하고, 접근 권한을 차등적으로 부여하는 것이 중요하다. 모든 직원이 모든 정보에 접근할 수 있는 환경이라면 비밀관리성을 인정받기 어렵다.

③ 물리적·기술적 보안 장치

연구소나 서버실에 잠금장치를 설치하여 출입을 통제하거나, 컴퓨터 부팅 및 파일 접근 시 비밀번호를 설정하고, 문서보안(DRM) 프로그램을 운영하는 등의 조치는 비밀관리 의사를 명확히 보여주는 객관적인 증거가 된다.

④ 비밀유지의무 부과

직원들에게 입사 시 비밀유지 서약서를 받고, 정기적으로 보안 교육을 실시하며, 외부 업체와는 비밀유지계약(NDA)을 체결하는 것은 정보에 접근하는 사람들에게 법적인 비밀유지의무를 부과하는 핵심적인 절차다.

비밀관리성은 하루아침에 만들어지지 않는다. 평소에 꾸준히 관리하고 그 기록을 남겨두는 것이 중요하다. 위에 언급된 조치들이 모두 완벽할 필요는 없다. 하지만 이 중 단 몇 가지라도 우리 회사의 상황에 맞게 꾸준히 실행하고 있다는 증거를 남겨두는 것이, 향후 법적 분쟁에서 우리 기술을 지키는 가장 강력한 무기가 된다.

최후의 보루,
'영업상 주요자산' (업무상 배임죄)

만약 우리 회사의 정보가 '비밀관리성' 요건을 완벽하게 충족하지 못해 영업비밀로 인정받지 못하게 되면 어떻게 될까? 모든 법적 보호를 포기해야만 하는 것일까? 다행히 우리 법은 이러한 경우를 대비한 최후의 안전장치를 마련해두고 있다. 바로 「형법」상 업무상배임죄를 통해 '영업상 주요자산'을 보호하는 것이다.

· 개념

'영업상 주요자산'이란, 비록 비밀관리성의 부족으로 부정경쟁방지법상 영업비밀에는 해당하지 않더라도, 그 자산의 불법적인 유출이 기업의 영업에 상당한 영향을 미칠 수 있는 중요한 정보나 자료를 의미한다. 즉, 영업비밀보다는 한 단계 낮은

수준의 보호 대상이지만, 여전히 기업의 중요한 자산으로 인정
되는 정보인 것이다.

· 업무상배임죄와의 관계

「형법」 제356조의 업무상배임죄는 "업무상의 임무에 위배
하여 재산상의 이익을 취하거나 제3자로 하여금 이를 취득하
게 하여 본인에게 손해를 가한" 경우에 성립한다. 여기서 직원
이 회사의 '영업상 주요자산'을 무단으로 유출하는 행위는, 회
사에 대한 신뢰를 저버리고 자신의 이익을 위해 회사에 손해
를 끼친 명백한 '임무 위배 행위(배임행위)'에 해당한다.

· 영업비밀 침해와의 차이점

① 보호 대상

부정경쟁방지법이 '영업비밀'이라는 특정 정보 자체를 보
호하는 반면, 업무상배임죄는 직원의 '배신 행위'를 처벌
하는 데 초점을 맞춘다.

② 입증 책임

영업비밀 침해를 주장하기 위해서는 회사가 '비밀관리성'
을 입증해야 하지만, 업무상배임죄에서는 그 정보가 '영업

상 중요한 자산'이라는 점과 직원이 '회사에 손해를 끼치려
는 나쁜 의도(배임의 고의)'가 있었다는 점을 입증하면 된다.

· 판례의 태도

법원은 회사가 정보에 대한 접근을 제한하고, 외부 유출을
금지하는 등 최소한의 조치를 취했다면, 설령 그 조치가 영업
비밀로 인정될 만큼 철저하지 않았더라도 해당 정보를 '영업상
주요자산'으로 폭넓게 인정하는 경향이 있다. 예를 들어, 퇴사
시 반납해야 할 의무가 있는 설계도면이나 고객 리스트를 반
납하지 않고 빼돌리는 행위는 전형적인 업무상배임죄에 해당
할 수 있다.

· 실무적 시사점

영업상 주요자산을 통한 보호는 어디까지나 '최후의 보루'
다. 부정경쟁방지법상의 영업비밀로 인정받는 것이 민사상 손
해배상 청구 등에서 훨씬 유리하기 때문이다. 하지만 만에 하
나 비밀관리성에 대한 입증이 부족할 경우를 대비하여, 직원에
게 회사 자산의 반납 의무를 명확히 고지하고, 퇴사 절차에서
이를 철저히 관리하는 것만으로도 중요한 법적 안전망을 확보
할 수 있다는 점을 기억해야 한다.

중소·벤처기업을 위한
최소한의 기술보호 방안

지금까지 설명한 영업비밀의 요건들을 보며 "우리 같은 작은 회사가 이런 복잡한 요건을 어떻게 다 만족하도록 관리하나" 하는 막막함을 느꼈을지도 모르겠다. 실제로 많은 중소·벤처기업 담당자들이 인력과 예산 부족의 어려움을 토로한다. 하지만 법이 요구하는 것은 대기업 수준의 완벽한 보안 시스템이 아니다. 중요한 것은 '우리 회사의 상황에 맞는 합리적인 보호 의지를 객관적으로 보여줄 수 있도록 평소에 관리하는 것'이다.

이 장에서는 최소한의 비용과 노력으로 법적 보호의 첫걸음을 뗄 수 있는, 이른바 '최소 실행 가능 보호 조치(Minimum Viable Protection)'를 제안하고자 한다. 이것만이라도 제대로 갖춘다면, 향후 발생할 수 있는 분쟁에서 우리 회사의 소중한 기술을 지킬 든든한 방패를 마련할 수 있다.

· 1단계: 무엇을 지킬지 정하고 기록하기(영업비밀 리스트 작성)

보호의 시작은 대상을 특정하는 것이다. 거창할 필요 없다. 회사의 대표와 핵심 인력들이 모여 "만약 경쟁사로 넘어갔을 때 가장 타격이 클 것 같은 정보가 무엇인가?"를 기준으로 목록을 작성해 보라. 예를 들어, '신제품 ○○의 핵심 설계도' '주요 거래처 A사의 단가 정보 및 연락망' '△△ 공정의 최적 온도 및 압력 조건 데이터'와 같이 구체적으로 명시하는 것이 좋다. 이 리스트는 그 자체로 '우리는 이 정보를 중요하게 인식하고 있다'는 증거가 된다.

· 2단계: '비밀'이라는 꼬리표 붙이기(비밀 표시)

가장 쉽고 효과적인 방법이다. 1단계에서 정한 영업비밀 문서나 파일의 제목, 혹은 문서 첫 페이지 상단에 '대외비' '영업비밀'이라는 문구를 삽입하라. 워터마크 기능을 활용하는 것도 좋다. 이렇게 '꼬리표'를 붙이는 것만으로도 해당 정보를 다루는 직원들에게 경각심을 주고 "이 정보가 비밀임을 몰랐다"는 변명을 원천적으로 차단하는 효과가 있다.

· 3단계: 약속은 반드시 서면으로(비밀유지 서약서 징구)

모든 직원에게 입사 시 '비밀유지 서약서'를 받는 것은 선택이 아닌 필수다. 또한, 핵심 기술을 다루다 퇴사하는 직원에 대해서는 퇴사 시점에 다시 한번 비밀유지의무를 상기시키고 서약서를 받아두는 것이 안전하다. 이 서류들은 향후 법정에서 직원이 비밀유지의무를 '인식'하고 있었다는 가장 강력한 증거가 된다.

· 4단계: 직무발명 제도의 스마트한 활용

많은 중소기업이 '직무발명' 제도를 단순히 특허 출원과 관련된 복잡한 절차로만 생각하는 경향이 있다. 하지만 직무발명 제도는 그 자체로 훌륭한 기술보호 시스템이 될 수 있다.

'직무발명보상규정'을 마련하고, 직원이 새로운 기술을 개발했을 때 회사에 신고하는 절차를 밟게 하라. 그리고 회사는 그 발명의 가치를 심의하고, 특허 출원 여부와 관계없이 정당한 보상을 지급하는 것이다.

이러한 일련의 과정은 다음과 같은 강력한 효과를 낳는다. 첫째, 회사가 직원의 기술적 성과를 존중하고 있음을 보여주어 직원의 사기와 로열티를 높인다. 둘째, 어떤 기술이 회사의 중요한 자산인지 공식적으로 식별하고 기록으로 남기는 효과가 있다. 셋째, 정당한 보상을 통해 기술 개발에 대한 직원의 불만을 줄여 유출 동기를 사전에 차단할 수 있다. 즉, 직무발명 제도는 단순한 보상 제도를 넘어, 기술을 체계적으로 관리하고 있다는 '비밀관리성'의 중요한 증거가 되는 것이다.

이 4가지 조치는 큰 비용을 들이지 않고도 당장 시작할 수 있는 핵심적인 방안이다. 기술보호는 완벽을 추구하는 것이 아니라, 위험을 관리하는 과정이다. 작은 실천 하나하나가 모여 우리 회사를 지키는 견고한 성벽이 될 것이다.

우리 회사만의 '기술 보호 리스트' 만들기

지금까지 영업비밀의 법적 요건과 다양한 보호 대상에 대해 알아보았다. 하지만 이러한 이론적 지식만으로는 부족하다. 이제는 배운 내용을 바탕으로 우리 회사의 상황에 맞게 실천에 옮길 차례다. 기술보호의 가장 실질적인 첫걸음은 바로 '무엇을 지킬 것인가'를 명확히 식별하고 문서화하는 것이다.

· 1단계: 브레인스토밍을 통해 모든 자산 나열하기

회사의 모든 구성원이 참여하여 우리 회사가 가진 유·무형의 자산을 남김없이 나열하는 것부터 시작한다. 처음에는 법적 요건을 따지지 말고 자유롭게 아이디어를 모으는 것이 중요하다.

연구개발 노트, 제품 설계도, 소스코드, 시험 데이터, 생산 공정 매뉴얼, 고객 명단, 가격 정책, 마케팅 전략, 협력사 정보, 내부 교육 자료, 사업계획서, 회의록 등

· 2단계: 영업비밀 3요건을 기준으로 필터링하기

1단계에서 나열된 각 자산에 대해, 앞서 배운 '영업비밀 3요건'을 적용하여 객관적으로 평가해 본다.

- 비공지성: 이 정보는 외부에 알려져 있는가? 우리 회사를 통하지 않고 쉽게 얻을 수 있는가?
- 경제적 유용성: 이 정보가 우리에게 경쟁력을 주는가? 개발하는 데 돈과 시간이 얼마나 들었는가?
- 비밀관리성: 우리는 이 정보를 비밀로 관리하고 있는가? 접근을 제한하고, 비밀 표시를 하는 등 노력을 하고 있는가?

· 3단계: 중요도에 따라 등급 나누고 우선순위 정하기

필터링 결과를 바탕으로 자산의 보호 등급을 나누어 관리의 우선순위를 정한다.

- 1등급(영업비밀): 3가지 요건을 모두 명확히 충족하며, 유출 시 회사에 치명적인 손해를 입히는 핵심 자산(최우선 보호 대상)

- 2등급(영업상 주요자산): 비공지성과 경제적 유용성은 명확하나 비밀관리가 다소 미흡하여 보완이 필요한 자산(관리 강화 대상)

- 3등급(일반 자산): 공개된 정보 또는 보호의 실익이 낮은 자산(일상적 관리 대상)

· 4단계: 구체적인 보호 전략 수립하기(Action Plan)

1, 2등급으로 분류된 핵심 자산에 대해 구체적인 보호 조치를 지정하고 담당자를 배정한다. 추상적인 계획이 아닌, '누가, 언제까지, 어떻게' 할 것인지를 명시한 실행 계획을 세우는 것이 중요하다.

특히, 구체적인 보안 시스템을 도입할 여건이 안 되는 중소기업의 경우, 해당 자료를 다루는 모든 구성원들이 그 정보가 회사의 중요한 자산이자 영업비밀이라는 점을 분명히 인식하도록 주기적으로 알리고 교육하는 것 자체가 매우 중요한 실행 계획이 될 수 있다. 이는 비용 부담이 적으면서도 '비밀관리성'을 입증하는 데 효과적인 방법이다.

- 자산: 신제품 '알파' 설계도(1등급)
- 보호 조치: DRM(문서보안) 적용, 접근 가능 인원 3명으로 제한(팀장, 담당자 A, B), 열람 시 로그 기록, 파일명에 '영업비밀' 명기, 관련 인원 분기별 보안 교육 실시
- 담당자 및 기한: IT팀 김대리 / 인사팀 박과장, 2025년 9월 30일까지

이러한 '기술 보호 리스트'는 한번 만들고 끝나는 것이 아니라, 신기술 개발이나 사업 환경 변화에 따라 주기적으로 업데이트해야 한다. 이 리스트는 우리 회사의 기술보호 활동의 근간이 되며, 만에 하나 분쟁이 발생했을 때 우리가 무엇을 어떻게 지키려 노력했는지를 보여주는 가장 강력하고 체계적인 증거가 될 것이다.

Chapter 1을
마무리하며

지금까지 우리는 기술보호의 가장 근본적인 질문, "무엇을 지킬 것인가?"에 대한 답을 찾아보았다. Chapter 1을 마무리하기에 앞서, 담당자가 반드시 기억해야 할 핵심 사항들을 다시 한번 정리해 본다.

첫째, 기술보호의 성패는 '사전 예방'에 달려 있다.

도입부의 사례에서 보았듯이, 기술유출은 한 번 발생하면 회사의 존립 자체가 위협받는 치명적인 결과를 낳는다. 사후에 법적 대응을 하는 것은 막대한 시간과 비용이 들 뿐만 아니라, 이미 시장에 퍼져버린 기술을 완벽하게 회수하기도 어렵다. 따라서 기술보호의 무게중심은 언제나 '사후 대응'이 아닌 '사전 예방'에 두어야 한다. 평시에 얼마나 체계적인 보호 시스템을 갖추었는지가 위기 상황에서 우리 회사를 지키는 힘이 된다.

둘째, 우리 기술이 어떤 법의 우산 아래 있는지 파악한다.

법은 모든 기술을 동일하게 보호하지 않는다. 우리 법은 기술의 성격과 가치에 따라 영업비밀, 산업기술, 국가핵심기술이라는 세 단계의 보호 체계를 마련하고 있다. 가장 넓은 보호막인 '영업비밀'은 기업의 자율적인 노력을 전제로 하며, '산업기술'과 '국가핵심기술'은 국가 경제와 안보라는 공적인 가치를 기준으로 더 강력한 보호와 통제를 가한다. 우리 회사의 핵심기술이 이 중 어디에 해당하는지 명확히 인식하는 것은 보호 전략 수립의 출발점이 된다.

셋째, '영업비밀'의 3가지 요건을 항상 기억하고 관리한다.

가장 기본적인 보호 수단인 영업비밀로 인정받기 위해서는 비공지성, 경제적 유용성, 비밀관리성이라는 3가지 까다로운 요건을 모두 충족해야 한다. 특히, 법원이 가장 중요하게 보는 것은 '비밀관리성'이라 했다. 아무리 가치 있는 정보라도 회사가 비밀로 관리하려는 최소한의 노력을 보여주지 못하면 법의 보호를 받지 못한다. 이는 기술보호가 단순히 기술의 문제가 아니라 '관리'의 문제임을 명확히 보여준다.

넷째, '영업상 주요자산'이라는 최후의 보루를 잊지 않는다.

만약 비밀관리성의 부족으로 영업비밀로 인정받지 못하더라도 실망하기엔 이르다. 우리 법은 '영업상 주요자산'을 무단으로 유출한 직원의 '배신 행위' 자체를 업무상배임죄로 처벌하여, 기업에게 또 다른 법적 안전망을 제공한다. 이는 기술보호에 대한 우리 법의 강력한 의지를 보여주는 중요한 제도다.

마지막으로, 지금 당장 '기술 보호 리스트' 만들기를 시작해야 한다.

이 모든 법적 지식을 실천으로 옮기는 가장 구체적이고 효과적인 첫걸음은 바로 '우리 회사만의 기술 보호 리스트'를 만드는 것이다. 무엇을, 어떤 등급으로, 어떻게 보호할지 문서화하는 과정 자체가 체계적인 기술보호 시스템의 시작이다. 이 리스트는 평시에는 관리의 나침반이 되고, 분쟁 시에는 우리의 노력을 증명하는 가장 강력한 증거가 될 것이다.

이제 "무엇을 지킬 것인가?"에 대한 답을 찾았으니, 다음 Chapter 2에서는 "어떻게 지킬 것인가?"에 대한 구체적인 방법론, 특히 기술유출의 가장 큰 비중을 차지하는 내부 인력 관리 시스템에 대해 본격적으로 알아보도록 하자.

Chapter 2

어떻게 지킬 것인가?
- 내부 관리 시스템

Chapter 1에서 우리는 '무엇을' 지켜야 하는지에 대해 깊이 있게 살펴보았다. 우리 회사의 소중한 자산이 법적으로 어떤 지위를 갖는지, 그리고 영업비밀로 인정받기 위해 어떤 요건을 갖추어야 하는지 명확히 했다. 하지만 아무리 가치 있는 보물이라도 그것을 지키는 견고한 성벽이 없다면 무용지물일 것이다.

이제 우리는 기술보호의 핵심 전장이라 할 수 있는 '어떻게' 지킬 것인가의 문제로 나아간다. 도입부의 사례에서도 보았듯이 기술유출의 가장 큰 위협은 외부가 아닌 내부에 있다. 바로 우리와 함께 일하는 '사람'이다. 따라서 견고한 기술보호 시스템의 첫걸음은 바로 체계적인 '내부 인력 관리 시스템'을 구축하는 것에서부터 시작해야 한다.

이 장에서는 직원의 입사부터 퇴사까지 전 고용 주기에 걸쳐 발생할 수 있는 기술유출 위험을 통제하고, 직원들의 보안 의식을 높이며, 만에 하나 발생할 수 있는 분쟁을 예방하기 위한 구체적이고 실질적인 방안들을 제시하고자 한다. 기술보호는 결국 '사람'의 문제이며, 사람에 대한 체계적인 관리가 곧 가장 강력한 보안 시스템이라는 점을 기억하길 바란다.

직원의 입사부터 퇴사까지
: 기술보호의 시작과 끝

기술보호는 특정 시점의 이벤트가 아니라, 직원의 전 고용기간에 걸쳐 일관되게 적용되어야 하는 '프로세스'다. 직원이 회사에 첫발을 내딛는 순간부터 마지막으로 회사를 떠나는 날까지 각 단계별로 촘촘한 관리망을 구축하는 것이 무엇보다 중요하다.

(1) 입사 단계: 첫 단추를 제대로 꿰어야 한다

새로운 직원을 맞이하는 설렘 속에서, 우리는 종종 가장 중요한 법적 안전장치를 놓치곤 한다. 기술보호의 첫 단추는 바로 이 '입사 단계'에서 꿰어진다.

· 근로계약서 내 비밀유지 조항 명시

모든 법적 관계의 기초는 계약이다. 근로계약서에 단순히 급여나 근무시간만 명시해서는 안 된다. "재직 중은 물론 퇴사 후에도 직무와 관련하여 알게 된 회사의 영업비밀을 제3자에게 누설하거나 부정하게 사용하지 않는다"는 내용의 비밀유지의무 조항을 반드시 포함해야 한다. 이는 직원에게 기술보호가 단순한 도덕적 의무가 아니라, 명백한 '계약상 의무'임을 입사 첫날부터 각인시키는 효과가 있다.

· 구체적인 내용의 '비밀유지 서약서' 징구

근로계약서의 조항만으로는 부족하다. 보다 구체적인 내용이 담긴 별도의 '비밀유지 서약서'를 받아두는 것이 필수적이다. 이 서약서에는 보호받아야 할 영업비밀의 범위(예: 기술 정보, 경영 정보, 고객 정보 등)를 구체적으로 예시하고, 비밀유지의무의 존속 기간(예: 퇴사 후 3년), 그리고 위반 시 민·형사상 책임을 져야 한다는 점을 명확히 고지해야 한다. 이 서약서는 향후 법적 분쟁이 발생했을 때, 직원이 "그 정보가 비밀인 줄 몰랐다"고 주장하는 것을 막는 가장 강력하고 직접적인 증거가 된다.

· 서명으로 끝나지 않는 '신입사원 보안 교육'

서류에 서명만 받는 것으로 모든 절차가 끝났다고 생각해서는 안 된다. 특히 사회초년생이나 기술보호 개념이 생소한 직원들에게는 별도의 교육이 반드시 필요하다. "어떤 정보가 우리 회사의 핵심 자산인지" "왜 중요한지" "과거에 어떤 유출 사고가 있었고, 그로 인해 어떤 처벌을 받았는지" 등 구체적인 사례를 들어 교육해야 한다. 이러한 초기 교육은 직원들에게 단순한 의무감을 넘어, 기술보호의 중요성을 '이해'하고 '공감'하게 만드는 중요한 과정이다.

(2) 재직 단계: 꾸준한 관리가 핵심이다

입사 단계에서 맺은 약속의 효력을 유지하고, 직원들의 보안 의식을 지속적으로 높이기 위해서는 재직 기간 동안의 꾸준한 관리가 필수적이다. 방심하는 순간, 보안 시스템에는 빈틈이 생기기 마련이다.

· 직무발명규정 마련 및 '정당한 보상'

직원이 업무 과정에서 새롭게 만들어낸 기술(직무발명)은 회사의 가장 중요한 자산이 된다. 「발명진흥법」에 따라 회사는 규정을 통해 직무발명에 대한 권리를 승계할 수 있지만, 이때 반드시 '정당한 보상'을 해야 할 의무가 있다. 만약 회사가 직원의 발명에 대해 합당한 보상을 하지 않는다면, 직원은 불만을 품고 기술을 외부로 유출할 강력한 동기를 갖게 된다. 명확한 '직무발명보상규정'을 마련하고, 투명한 절차에 따라 보상함으로써 직원의 발명 의욕을 고취시키는 동시에 잠재적 분쟁의 씨앗을 제거해야 한다. 이는 단순한 비용이 아니라, 핵심 인력과 기술을 지키기 위한 가장 확실한 투자다.

· 정기적인 보안 교육을 통한 '인식'의 내재화

보안 의식은 시간이 지나면 자연스럽게 희미해진다. 입사 때의 다짐은 바쁜 업무 속에서 쉽게 잊힐 수 있다. 또한, 내가 시간과 노력을 들여 만든 결과물은 '내 것'이라는 잠재적 의식 때문에 이를 '회사의 것'이라고 생각하지 않는 경향이 생긴다. 따라서 분기별 또는 최소한 연 1회 이상, 전 직원을 대상으로 한 정기 보안 교육을 시행해야 한다. 이 교육에서는 최신 기술유출 판례, 경쟁사의 동향, 그리고 사내 보안 규정의 변경 사항 등을 공유하여 직원들의 경각심을 꾸준히 유지시켜야 한다. 이러한 반복적인 교육은 보안을 '규제'가 아닌 '문화'로 정착시키는 데 결정적인 역할을 한다.

(3) 퇴사 단계: 마지막까지 방심은 금물이다

통계적으로 기술유출의 상당수는 퇴사를 전후하여 발생한다. 회사를 떠나는 직원은 경쟁사로 이직할 가능성이 높고, 재직 중에 다루었던 정보에 대한 심리적 경계심이 약해지기 때문이다. 따라서 퇴사 단계에서의 관리는 기술보호 프로세스의 화룡점정이라 할 수 있다.

· 퇴사 통보 접수 시점의 선제적 대응

직원이 사직서를 제출한 순간부터 최종 퇴사일까지의 기간은 기술유출의 '골든타임'이자 가장 위험한 시기다. 이 기간 동안의 체계적인 관리가 유출 사고를 막는 핵심이다.

우선, 직속 상급자가 퇴사 의사를 인지하는 즉시 인사팀에 통보하고, 이 정보는 IT, 보안, 법무(자문) 등 관련 부서에 신속하게 공유되어야 한다. 필요하다면 비공개 대응팀을 꾸려 퇴사 예정일을 기준으로 일관된 보안 감사 및 조치 계획을 수립해야 한다.

동시에, IT 및 보안 담당자는 퇴사 예정자의 최근 데이터 접근 패턴에 이상 징후가 없는지 확인하여 잠재적 위험을 사전에 파악해야 한다. 퇴사 결심 전후로 급격히 증가한 주요 서버 접근, 대용량 파일 다운로드 및 인쇄, 외부 이메일 발송, 외부 저장매체(USB) 연결 기록 등은 위험 신호일 수 있으므로 최근 1~3개월간의 이력을 집중적으로 점검할 필요가 있다.

이러한 점검과 함께, 유출 기회를 원천적으로 줄이기 위해 정보 접근 권한을 선제적으로 재조정해야 한다. 퇴사 통보가 접수되면 업무 인수인계에 반드시 필요한 범위를 제외하고, 해당 직원의 직무와 직접 관련이 없는 프로젝트 폴더나 데이터베이스에 대한 접근 권한을 우선적으로 회수하고, 인수인계 진행 상황에 따라 접근 가능 범위를 점차 축소해 나가야 한다.

마지막으로, 인수인계 과정을 체계적으로 관리해야 한다. 인수인계를 명목으로 개인용 저장매체나 외부 이메일, 메신저를 통해 무분별하게 자료가 복사되거나 전달되는 것을 방지하고, 반드시 지정된 공용 서버를 통해서만 진행하도록 통제해야 한다. 또한 인수인계가 완료된 자료는 담당자가 확인한 후 퇴사자의 접근 권한을 즉시 삭제하여 모든 절차를 공식적인 기록으로 남기는 것이 중요하다.

Check 1: 퇴직자 심층 면담(Exit Interview) 실시

• 목적: 단순한 요식행위가 아니다. 퇴사 후에도 비밀유지 의무가 법적, 계약적으로 존속함을 명확히 주지시키고, 퇴사 사유를 파악하여 잠재적인 유출 위험을 가늠하는 중요한 절차다.

• 주요 확인 사항: 이직 예정인 회사와 그곳에서 맡게 될 직무(경업금지약정 위반 여부 확인), 재직 중 수행했던 프로젝트 및 접근했던 중요 정보에 대한 확인, 퇴사 후에도 비밀유지의무가 소멸하지 않음을 명확히 고지.

Check 2: 서약서 재징구 및 자료 반납 확인

• '퇴직 후 비밀유지 및 자료 반납 확인 서약서' 징구: 입사 시 서약서와는 별개로, 퇴사 시점에 다시 한번 서약서를 받아야 한다.

• 서약서 핵심 내용: 퇴사 후에도 비밀유지의무를 준수할 것을 재확인, 재직 중 취득한 모든 유·무형의 회사 자산(전자파일, 서류, 샘플 등)을 반납 또는 폐기했으며 개인적으로 보관하고 있지 않음을 확인, 위반 시 민·형사상 책임을 질 수 있음을 명시.

Check 3: 모든 IT 자산의 물리적 회수

• 회수 대상 목록화: 퇴직자가 사용하던 모든 회사 소유의 자산을 목록으로 만들어 하나씩 확인하고 회수해야 한다.

• 회수 대상 예시: 노트북, 데스크톱 PC 및 관련 주변기기, 외장하드/USB 등 개인 소유 저장매체(필요시 포맷 확인), 회사 명의의 휴대폰/태블릿 PC, 사원증, 출입카드, 법인카드, 각종 열쇠.

Check 4: 모든 시스템 접근 권한의 '즉시' 차단

• 가장 중요한 최종 단계: 물리적 자산 회수보다 더 중요한 것이 눈에 보이지 않는 디지털 접근 경로를 완벽하게 차단하는 것이다.

• 차단 대상: 사내 이메일 계정, 그룹웨어/ERP 등 내부 업무 시스템, 서버/데이터베이스/클라우드 스토리지 접근 권한, 원격 접속(VPN) 계정, 기타 업무용 소프트웨어 및 플랫폼 계정.

• 실행 시점: 마지막 근무일, 퇴근 시간 직후 즉시 실행하는 것을 원칙으로 해야 한다. '내일부터 안 나오니까'라는 생각으로 하루 이틀 방치하는 사이 돌이킬 수 없는 유출 사고가 발생할 수 있다.

"우리 자료는 비밀입니다"
: 비밀관리의 핵심

지금까지 '사람'에 초점을 맞춘 인적 관리 방안을 살펴보았다. 하지만 인적 관리만으로는 부족하다. 직원들이 다루는 '정보' 그 자체에 대한 체계적인 통제 시스템이 갖추어져야 비로소 견고한 내부 보안 체계가 완성된다. 이는 앞서 Chapter 1에서 강조했던 영업비밀의 핵심 요건인 '비밀관리성'을 실제로 구현하는 과정이기도 하다.

법원은 비밀관리성을 판단할 때, "우리 회사는 이 정보를 비밀로 취급하고 있습니다"라는 사실을 외부에서 객관적으로 인식할 수 있는지를 중요하게 본다. 이는 크게 관리적, 물리적, 기술적 보호조치라는 3가지 차원에서 접근할 수 있다. 이 3가지 보호조치는 각각 독립적으로 기능하는 것이 아니라, 서로 맞물려 돌아가는 톱니바퀴처럼 유기적으로 연계될 때 가장 강력한 효과를 발휘한다.

(1) 관리적 보호조치(규칙과 정책으로 통제)

관리적 보호조치는 기술보호의 '뼈대'를 세우는 일이다. 명확한 규칙과 정책을 통해 전 직원에게 일관된 행동 기준을 제시하고, 보안을 회사의 공식적인 문화로 만드는 과정이다. 이는 눈에 보이지 않는 보안 의식을 구체적인 행동 지침으로 전환하고, 모든 물리적·기술적 보호조치가 효과적으로 작동할 수 있는 기반을 마련하는 역할을 한다.

· '보안관리규정' 제정 및 책임자 지정

기술보호는 주먹구구식으로 이루어져서는 안 된다. 회사의 공식적인 '보안관리규정'을 문서화하여 제정하고, 이를 총괄하는 '보안책임자(CSO, CISO 등)'를 지정해야 한다. 이 규정에는 보호해야 할 정보의 등급 분류 기준, 각 등급별 취급 절차, 위반 시 징계 조항 등을 명확히 담아야 한다. 이는 우리의 보안 활동이 체계적인 시스템에 따라 이루어지고 있음을 보여주는 중요한 증거가 된다.

· '비밀'이라고 명확히 표시하기

아무리 중요한 정보라도 그것이 비밀이라는 사실을 알려주지 않으면 직원들은 그 중요성을 인식하기 어렵다. 따라서 보호가 필요한 모든 문서나 전자 파일에는 '대외비' '영업비밀' 'Confidential' 등과 같은 보안 등급을 명확히 표기해야 한다. 이러한 '꼬리표'는 정보를 다루는 사람에게 심리적 경각심을 주는 동시에, 법정에서 "비밀인 줄 몰랐다"는 변명을 차단하는 효과적인 수단이다.

· 접근 권한 제한하기(Need-to-know 원칙)

모든 직원이 모든 정보에 접근할 수 있는 환경은 보안에 가장 취약하다. 반드시 '알 필요가 있는 사람(Need-to-know)'에게만 해당 정보에 대한 접근 권한을 부여하는 원칙을 철저히 지켜야 한다. 직급이나 직책에 따라 접근 가능한 정보의 범위를 차등적으로 설정하고, 불필요한 접근은 원천적으로 통제해야 한다. 이는 유출 사고 발생 시 용의자를 특정하고 피해 범위를 최소화하는 데도 결정적인 역할을 한다.

(2) 물리적 보호조치(공간과 장비 통제)

관리적 보호조치가 기술보호의 '뼈대'를 세웠다면, 물리적 보호조치는 우리의 소중한 정보 자산이 담긴 공간과 장비를 외부의 위협으로부터 지키는 '성벽'을 쌓는 일이다. 디지털 시대에도 정보는 결국 서버, PC, 서류 등 물리적인 매체에 저장되기 때문에, 이 매체들이 보관된 공간을 통제하는 것은 보안의 기본 중의 기본이다.

· 중요 구역에 대한 출입 통제

연구소, 서버실, 자료 보관실 등 핵심 정보가 위치한 공간은 반드시 별도의 출입 통제 시스템을 갖추어야 한다. 지문 인식, 출입카드 리더기, 최소한의 시건장치라도 설치하여 허가된 인원만 출입할 수 있도록 통제하고, 모든 출입 기록은 로그로 남겨두어야 한다.

· 보관 장소 및 문서의 통제

중요 서류나 데이터가 저장된 저장매체는 반드시 잠금장치가 있는 캐비닛이나 금고에 보관해야 한다. 또한 사무실 내에서는 퇴근 시 모든 서류를 서랍에 넣고 잠그는 '클린 데스크

(Clean Desk)' 정책을 시행하고, 중요 문서의 복사나 파기 시에는 그 이력을 기록하고 관리하는 절차를 마련해야 한다.

· 방문객 및 외부 인력 관리

외부 방문객으로부터 핵심 구역이 무방비로 노출되어서는 안 된다. 방문객은 반드시 안내 데스크에서 신원을 확인하고, 방문 목적과 담당자를 기록한 뒤 출입증을 발급받아야 한다. 또한, 방문객의 이동 동선은 담당 직원이 동행하여 통제하고, 사진 촬영은 카메라에 보안스티커를 붙이는 방법 등을 통해 엄격히 금지해야 한다.

(3) 기술적 보호조치 (디지털 데이터 통제)

관리적, 물리적 보호조치가 튼튼한 '성벽'을 쌓는 일이라면, 기술적 보호조치는 그 성벽 위에서 적의 침입을 감시하고 막아내는 '첨단 무기'와 같다. 디지털화된 정보 자산을 사이버 위협과 내부자의 고의 또는 실수에 의한 유출로부터 지키기 위한 필수적인 장치다.

· PC 및 서버 보안의 기본

모든 업무용 PC와 노트북에는 부팅 비밀번호와 화면보호기 비밀번호를 의무적으로 설정하도록 한다. 또한 외부의 해킹이나 악성코드로부터 내부망을 보호하기 위해 방화벽과 백신 소프트웨어를 설치하고 항상 최신 상태로 업데이트해야 한다.

· 데이터 유출 방지 시스템(DLP) 구축

예산이 허락한다면, 문서보안(DRM)이나 데이터 유출 방지(DLP) 솔루션을 도입하는 것이 가장 효과적이다. 이러한 시스템은 중요 문서의 암호화, 외부 전송 통제, 인쇄 및 화면 캡처 방지 등의 기능을 통해 정보 유출을 원천적으로 차단한다.

· 외부 저장매체 및 네트워크 통제

USB 메모리, 외장하드 등 외부 저장매체는 기술유출의 가장 흔한 경로 중 하나다. 따라서 회사 정책에 따라 비인가 저장매체의 사용을 기술적으로 통제하고, 업무상 필요한 경우에는 반드시 보안 검사를 거친 등록된 장비만 사용하도록 해야 한다. 또한, 개인 이메일이나 웹하드, 메신저 등 업무와 무관한 외부 네트워크 접속을 차단하는 것도 중요한 보안 조치다.

이 3가지 보호조치는 어느 하나만으로는 완벽할 수 없다. 관리적 규정을 통해 원칙을 세우고, 물리적 통제로 공간을 보호하며, 기술적 솔루션으로 데이터를 지키는 다층적인 방어 체계를 구축할 때, 비로소 우리 회사의 내부 보안 시스템은 견고해질 수 있다.

(4) 중소·벤처기업을 위한 최소한의 비밀관리 방안

지금까지 설명한 관리적, 물리적, 기술적 보호조치들을 보며 "우리 같은 작은 회사가 저걸 다 어떻게 지키나" 하는 막막함을 느꼈을지도 모르겠다. 실제로 많은 중소·벤처기업 담당자들이 인력과 예산 부족의 어려움을 토로한다. 그러나 다시 한번 강조하지만, 법원이 요구하는 것은 대기업 수준의 완벽한 보안 시스템이 아니다. 중요한 것은 '우리 회사의 상황에 맞는 합리적인 보호 의지를 객관적으로 보여주는 것'이다.

이 장에서는 앞서 설명한 3가지 보호조치의 핵심을 바탕으로, 최소한의 비용과 노력으로 법적 보호의 첫걸음을 뗄 수 있는, 이른바 '최소 실행 가능 비밀관리(Minimum Viable Secret Management)' 방안을 제안하고자 한다.

· 관리적 조치: '선언'하고 '약속'하기

• 영업비밀 리스트 만들기: Chapter 1에서 제안한 '기술 보호 리스트'를 만드는 것이 모든 관리의 시작이다. "이것이 우리 회사의 비밀이다"라고 공식적으로 선언하는 행위 자체가 가장 중요한 관리적 조치다.

• 비밀 표시 생활화: 리스트에 오른 모든 정보에는 '대외비' 또는 '영업비밀' 표시를 반드시 하라. 이는 비용이 전혀 들지 않지만 "비밀인 줄 몰랐다"는 주장을 막는 가장 효과적인 방법이다.

• 서약서는 기본 중의 기본: 모든 임직원에게 입사 시 비밀유지 서약서를 받고, 외부인에게 정보를 제공할 때는 NDA를 체결하는 것을 철칙으로 삼아야 한다.

· 물리적 조치: '잠그고' '정리'하기

• 시건장치 활용: 고가의 출입 통제 시스템이 없더라도, 연구실이나 대표이사 사무실 등 중요 공간에는 반드시 잠금장치를 설치하고 퇴근 시 잠그는 것을 원칙으로 하라.

• 캐비닛과 클린 데스크: 중요한 서류나 저장매체는 반드시 잠금장치가 있는 캐비닛에 보관하고, 퇴근 시 책상을 깨끗하게 정리하는 '클린 데스크' 정책을 시행하는 것만으

로도 훌륭한 물리적 보안 활동이 된다.

· 기술적 조치: '기본'에 충실하기

• 비밀번호 설정: 모든 업무용 PC와 노트북에 부팅 비밀번호와 화면보호기 비밀번호를 설정하는 것은 비용 없이 할 수 있는 가장 기본적인 기술적 조치다.

• 파일 암호화: 고가의 DRM 솔루션이 없더라도, MS Office나 한컴오피스, PDF 프로그램 등에서 제공하는 기본 암호 설정 기능을 활용하여 핵심 파일에 비밀번호를 거는 습관을 들여야 한다.

• 네트워크 사용 규칙: 개인용 USB나 클라우드 서비스 사용을 원칙적으로 금지하고, 업무상 필요시에는 반드시 관리자의 허가를 받도록 하는 내부 규칙을 정하고 공지하는 것만으로도 큰 효과를 볼 수 있다.

이러한 조치들은 큰 비용이나 전문 인력 없이도 당장 시작할 수 있는 것들이다. 기술보호는 완벽을 추구하는 것이 아니라, 위험을 관리하는 과정이다. 작은 실천 하나하나가 모여 우리 회사를 지키는 견고한 성벽이 될 것이다.

가장 골치 아픈 문제
: 퇴직자 관리와 경업금지약정

지금까지 우리는 재직 중인 직원에 대한 관리 방안을 중심으로 살펴보았다. 하지만 기술유출 분쟁의 대다수는 직원이 회사를 떠난 뒤에 발생한다. 특히 핵심 인력이 경쟁사로 이직하여 우리 회사의 영업비밀을 사용하는 것만큼 속상하고 막막한 일도 없을 것이다.

물론, 앞서 설명한 퇴사 절차를 철저히 지키는 것만으로도 많은 위험을 예방할 수 있다. 하지만 그것만으로는 부족할 수 있다. 퇴직자가 자신의 머릿속에 체화된 지식과 경험을 활용하는 것까지 막기는 어렵기 때문이다. 이를 위해 법이 마련해 둔 제도가 바로 '경업금지약정(Non-Compete Agreement)'이다.

· 경업금지약정이란?

근로자가 퇴직 후 일정 기간 동안 일정 지역 내에서, 회사와 경쟁 관계에 있는 다른 회사에 취업하거나 직접 경쟁 업체를 설립하지 않기로 하는 약속을 말한다. 퇴직 후에도 존속하는 비밀유지의무를 실질적으로 담보하기 위한 강력한 수단이다.

· 약정만 하면 무조건 유효할까?

절대 아니다! 이것이 가장 중요하다. 우리 헌법은 모든 국민에게 '직업선택의 자유'라는 기본권을 보장하고 있다. 경업금지약정은 이 기본권을 직접적으로 제한하기 때문에, 법원은 그 유효성을 매우 엄격하고 신중하게 판단한다. 단순히 회사에 불리한 경쟁을 막으려는 목적으로 체결된 약정은 무효가 될 가능성이 매우 높다.

· 법원이 경업금지약정의 유효성을 판단하는 5가지 기준과 실제 사례

대법원은 경업금지약정의 유효성을 판단하기 위해 다음의 5가지 기준을 종합적으로 고려해야 한다고 명확히 밝히고 있다. 각 기준이 실제 소송에서 어떻게 적용되는지 구체적인 사례를 통해 살펴보자.

① 보호할 가치가 있는 사용자의 이익

회사가 경업금지약정을 통해 보호하려는 이익이 과연 법적으로 보호할 가치가 있는지가 가장 중요한 첫 번째 기준이다. 법원이 인정하는 '보호 가치 있는 이익'이란, 부정경쟁방지법상 '영업비밀'에 해당하는 정보는 물론, 그 정도에는 이르지 않더라도 '영업상 중요한 자산'에 해당하는 고객 정보나 노하우 등을 의미한다. 단순히 근로자가 회사에 근무하며 습득한 일반적인 지식이나 경험, 또는 회사가 시장에서 우월한 지위를 이용하여 경쟁을 제한하려는 목적만으로는 보호 가치 있는 이익으로 인정받을 수 없다.

사례

한 온라인 교육 업체에서 퇴사한 강사가 동종 업체를 설립한 사건에서, 법원은 해당 강사가 알고 있는 '유명 강사 섭외 정보'나 '강의 기획 노하우' 등은 회사가 상당한 노력을 들여 구축한 정보로서 보호 가치 있는 이익에 해당한다고 보아 경업금지약정이 유효하다고 판단했다.

② 근로자의 지위 및 퇴직 경위

약정 대상이 되는 근로자가 재직 중에 보호 가치 있는 정보에 얼마나 깊이 접근하고 관여했는지가 중요하다. 영업비밀에 전혀 접근할 수 없었던 일반 직원에 대한 경업금지약정은 무효가 될 가능성이 높다. 또 근로자가 스스로의 의지로 퇴사했는지, 회사의 권고, 해고에 의해 퇴사했는지 등 퇴직하게 된 경위도 법원의 판단에 영향을 미친다.

반도체 장비 회사의 생산직 근로자가 퇴사 후 경쟁사로 이직한 경우, 법원은 해당 근로자가 핵심 설계 도면이나 소스코드와 같은 영업비밀에 접근한 사실이 없다는 이유로 경업금지약정이 무효라고 판단했다. 그의 업무는 정해진 매뉴얼에 따른 단순 반복 작업에 가까웠기 때문이다.

③ 제한의 범위(기간, 지역, 직종)

경업을 금지하는 기간, 지역, 그리고 대상 직종의 범위가 합리적이어야 한다. 판례에 따르면 금지 기간은 통상 1년을 넘지 않는 범위에서 유효성이 인정되는 경우가 많으며, 2~3년을 초과하는 약정은 무효로 판단될 가능성이 크다. 지역적 범위 역시 국내 전역이나 전 세계와 같이 지나치게 광범위해서는 안 되며, 회사의 실제 영업 지역을 중심으로 합리적으로 설정되어야 한다.

서울에 본사를 둔 IT 회사가 퇴사한 개발자에게 '퇴사 후 3년간 대한민국 전역'에서 동종 업계에 종사하지 못하도록 한 약정에 대해, 법원은 3년이라는 기간이 지나치게 길고, 지역적 제한이 없어 직업선택의 자유를 과도하게 침해하므로 해당 약정은 무효라고 판단했다.

④ 대가의 제공 여부

가장 중요한 요건 중 하나다. 회사가 근로자의 직업선택의 자유를 제한하는 대가로 재직 중에 특별 수당이나 스톡옵션을 지급했거나, 퇴직 시 별도의 보상금을 지급하는 등 명시적인 경제적 보상을 제공했는지 여부는 약정의 유효성 판단에 결정적인 영향을 미친다. 아무런 대가 없이 의무만을 부과하는 약정은 무효로 판단될 가능성이 높다.

한 제약회사는 핵심 연구원에게 경업금지약정을 체결하면서, 재직 중 '비밀보호수당' 명목으로 매월 일정 금액을 추가 지급하고 퇴직 시 6개월치 월급에 해당하는 '전직지원금'을 지급했다. 법원은 이러한 명확한 대가 지급을 근거로 퇴사 후 1년간의 경업금지약정이 유효하다고 인정했다.

⑤ 근로자의 퇴직 후 생계 문제

경업금지약정으로 인해 근로자가 동종 업계에 재취업하는 것이 사실상 불가능해져 생계에 중대한 위협을 받게 되는 경우, 법원은 약정의 효력을 제한하거나 무효로 판단할 수 있다.

사례

평생 한 가지 분야에서만 일해 온 고령의 엔지니어가 퇴사한 경우, 법원은 2년간의 경업금지약정이 사실상 해당 근로자의 재취업 기회를 박탈하여 생계를 위협한다고 보아, 금지 기간을 6개월로 단축하는 판결을 내렸다.

이처럼 경업금지약정은 '양날의 검'과 같다. 잘 활용하면 핵심 인력과 기술을 지키는 강력한 방패가 되지만, 법의 요건을 제대로 갖추지 못하면 아무런 효력을 발휘하지 못하는 휴지 조각이 될 수도 있다는 점을 명심해야 한다.

Chapter 2를
마무리하며

Chapter 1에서 '무엇을' 지킬 것인지에 대해 명확히 했다면, Chapter 2에서는 '어떻게' 그 보물을 지킬 것인지에 대한 구체적인 성벽 쌓기 방법을 알아보았다. 내부 관리 시스템의 핵심은 결국 '사람'과 '정보'를 체계적으로 통제하는 것이다.

첫째, 기술보호는 직원의 전 생애주기를 관통하는 '프로세스'다.

보안은 입사 첫날 근로계약서에 서명하는 순간부터 시작하여 재직 중 꾸준한 교육과 소통을 통해 내재화되고, 퇴사하는 마지막 순간까지 긴장의 끈을 놓지 않는 체계적인 관리를 통해 완성된다. 특히 기술유출의 최대 위험 구간인 '퇴사 시점'에서의 철저한 관리는 아무리 강조해도 지나치지 않다.

둘째, '비밀관리성'은 다층적인 보호조치의 유기적인 결합으로 증명된다.

법원이 인정하는 비밀관리성은 어느 하나의 완벽한 시스템이 아니라, 관리적, 물리적, 기술적 보호조치가 서로 맞물려 돌아가는 종합적인 노력의 결과다. '보안 규정'이라는 뼈대를 세우고, '시건장치'라는 성벽을 쌓으며, 'IT 보안'이라는 첨단 무기를 갖출 때 비로소 우리의 정보 자산은 안전해질 수 있다.

셋째, 중소기업도 '최소한의 조치'로 스스로를 지킬 수 있다.

인력과 예산이 부족하다는 이유로 기술보호를 포기해서는 안 된다. '비밀'이라고 표시하고, 서약서로 '약속'하며, 캐비닛에 '잠그고', PC에 '비밀번호'를 거는 최소한의 실천만으로도 법적 보호를 받을 수 있는 중요한 근거를 마련할 수 있다. 완벽함이 아닌, 합리적인 노력이 핵심이다.

넷째, '경업금지약정'은 신중하게 설계된 '계약'일 때만 유효하다.

퇴직자 관리에 있어 가장 강력한 수단인 경업금지약정은 근로자의 '직업선택의 자유'와 회사의 '영업비밀 보호'라는 두 가지 가치가 첨예하게 충돌하는 지점이다. 따라서 보호할 가치,

합리적인 제한 범위, 그리고 가장 중요한 '대가 제공'이라는 요건을 충족하지 못하면 법원에서 그 효력을 인정받기 어렵다는 점을 반드시 기억해야 한다.

이제 내부의 성벽을 견고히 쌓았으니 다음 Chapter 3에서는 외부의 파트너와 협력하는 과정에서 발생할 수 있는 위험을 통제하는 방법, 즉 외부 관리 시스템에 대해 알아보도록 하자.

Chapter 3

어떻게 지킬 것인가?

- 외부 관리 시스템

지금까지 우리는 내부 직원에 의한 기술유출을 막기 위한 튼튼한 방어 체계를 구축하는 방법에 대해 알아보았다. 하지만 현대의 기업 활동은 결코 혼자만의 힘으로 이루어지지 않는다. 우리는 수많은 외부 파트너, 즉 협력업체, 외주 개발사, 컨설턴트, 잠재적 투자자 등과 함께 일하며 성장한다.

이러한 '협력'의 과정은 필연적으로 우리 회사의 민감한 정보를 외부에 공유해야 하는 상황을 만든다. 내부만큼이나 외부 협력 과정에서도 기술유출은 빈번하게 발생하며 "믿고 맡겼는데"라는 후회는 너무나 늦다. 외부 파트너를 잠재적 위협이 아닌, 든든한 동반자로 만들기 위해서는 '신뢰'라는 막연한 기대가 아닌, 명확한 '법적 안전장치'가 반드시 필요하다.

이 장에서는 외부와의 관계에서 우리의 소중한 기술 지산이 무방비로 노출되는 것을 막고, 상호 존중을 바탕으로 한 건강한 협력 관계를 구축할 수 있는 실질적인 법률 도구와 전략에 대해 상세히 알아보겠다.

협력사, 파트너와의 약속
: 비밀유지계약(NDA)의 모든 것

NDA(Non-Disclosure Agreement), 즉 비밀유지계약은 외부와 기술에 관한 논의를 시작하기 전 가장 먼저 챙겨야 할 '기본 중의 기본'이다. 많은 담당자가 NDA를 단순한 형식적인 서류로 생각하는 경향이 있지만, 잘 만들어진 NDA는 우리 기술을 지키는 가장 강력한 방패가 될 수 있다. 이는 단순한 신사협정이 아니라, 법적 구속력을 갖는 명백한 '계약'이기 때문이다.

· 언제 체결해야 하는가?: "민감한 정보를 공유하기 전, 무조건 먼저"

가장 흔하게 저지르는 실수가 바로 NDA 체결 시점이다. 좋은 분위기에서 구두로 사업 논의를 한참 진척시킨 뒤, 나중에 형식적으로 NDA를 체결하는 것은 이미 문을 활짝 열어두고 뒤늦게 자물쇠를 거는 것과 같다. 아이디어나 기술 컨셉을 논의하는 최초 미팅 단계부터 NDA 체결을 원칙으로 삼아야 한다. '일단 만나서 이야기해보고, 괜찮으면 그때 계약하죠'라는 생각은 매우 위험하다.

· NDA에 반드시 포함되어야 할 핵심 조항

인터넷에 떠도는 표준 양식을 그대로 사용하는 것은 위험할 수 있다. 아래의 핵심 조항들이 우리 회사의 상황과 이번 협력의 목적에 맞게 구체적으로 담겨 있는지 반드시 확인하고 수정해야 한다.

① 비밀정보의 정의(Definition of Confidential Information)

무엇을? "업무상 알게 된 모든 정보"와 같은 추상적이고 포괄적인 표현은 피해야 한다. 분쟁 발생 시 보호받아야 할 정보의 범위가 불분명해질 수 있기 때문이다. 가급적 'A 프로젝트 관련 설계도면 일체' 'B 제품의 소스코드' 'C 고객사의 연락처 및 거래 내역' 등 비밀로 취급할 정보를 구체적으로 특정하는 것이 좋다.

어떻게? 구두로 전달되는 정보도 비밀정보에 포함시키되 "구두로 공개된 정보는 ○일 이내에 서면으로 그 요지를 전달하여 비밀정보임을 확인해야 한다"는 절차 조항을 두는 것이 안전하다.

② **목적 외 사용금지**(Limitation on Use)

이 조항은 NDA의 심장과도 같다. 제공된 비밀정보는 '오직 합의된 특정 목적(예: ○○○ 프로젝트의 사업 타당성 검토)'을 위해서만 사용되어야 함을 명확히 해야 한다. 이 조항이 없다면 상대방이 우리의 기술 정보를 참고하여 다른 제품을 개발하거나 내부 역량을 강화하는 데 사용하더라도 이를 막을 방법이 마땅치 않다.

③ **비밀유지 기간**(Term of Confidentiality)

언제까지 비밀을 지켜야 하는지를 정하는 조항이다. 계약 관계가 종료되어도 비밀유지의무는 계속되어야 한다. 보통 '계약 종료 후 3년 또는 5년' 등으로 정하지만, 기술의 라이프사이클이나 가치에 따라 더 길게 설정할 수도 있다. 다만, 기간을 '영구히'로 설정하는 것은 지나치게 과도하다고 보아 법원에서 효력을 인정하지 않을 수 있으므로, 합리적인 기간을 설정하는 것이 중요하다.

④ 정보의 반환 및 파기(Return or Destruction of Information)

협력 관계가 종료되었을 때, 제공했던 모든 자료(복사본, 파생 자료 포함)를 반환받거나, 상대방이 책임지고 파기하도록 하고, 파기했다는 '파기 확인서'를 받아두는 조항을 반드시 넣어야 한다. 이는 상대방의 PC나 서버에 남아 있는 우리 회사의 정보가 잠재적인 유출 경로가 되는 것을 막는 중요한 안전장치다.

⑤ 위반 시 책임(Remedies for Breach)

계약 위반 시 손해배상 책임이 발생한다는 점을 명확히 해야 한다. 이때, 실제 손해액을 입증하기 어려운 경우가 많으므로 "계약 위반 시 위약벌로 ○○○원을 지급한다"는 식의 위약벌 조항을 넣는 것이 매우 강력한 억제 수단이 될 수 있다. 위약벌은 손해배상액과 별도로 청구할 수 있어 상대방에게 큰 부담을 준다.

NDA 체결 여부가 판결을 가른다: 실제 판례 비교

NDA의 중요성은 아무리 강조해도 지나치지 않으며, 이는 실제 법원의 판결을 통해 극명하게 드러난다.

· 사례1: NDA가 방패가 된 경우

한 중공업 회사가 협력업체에 선박 블록에 관한 기술자료를 제공하면서 명확한 비밀유지 조항이 포함된 계약을 체결했다. 이후 협력업체의 직원이 이 기술을 빼돌려 제3자에게 넘긴 사건이 발생했다. 법원은 재판 과정에서 회사가 협력업체와 체결한 비밀유지계약(NDA)을 '비밀관리성'을 입증하는 결정적인 증거로 인정했다. 이를 근거로 법원은 기술을 빼간 제3자에게 영업비밀 침해를 인정하여 유죄를 선고했다(울산지방법원 2013. 4. 25. 선고 2013노40 판결 참조). 이처럼 NDA는 단순한 서류가 아니라, 우리 정보가 법적으로 보호받아야 할 '비밀'임을 증명하는 핵심적인 역할을 한다.

· 사례2: NDA가 없어 발목 잡힌 경우

반면, 한 대형 주류회사는 다수의 도매점과 거래하며 판매 실적, 재고 현황 등 중요한 영업 정보를 공유했지만, 이들과 별도의 비밀유지계약을 체결하지는 않았다. 이후 이 정보의 소유권을 두고 분쟁이 발생했을 때, 대법원은 해당 정보가 수많은 도매점에 아무런 제한 없이 공유되었고, 이를 비밀로 유지하기 위한 NDA 등의 계약적 장치가 없었다는 점 등을 근거로 들었다. 결국 법원은 해당 정보가 영업비밀로서 관리되었다고 보기 어렵다고 판단하여, 부정경쟁방지법 위반 혐의에 대해 무죄 취지로 파기환송했다 (대법원 2020. 1. 16. 선고 2017도13791 판결 참조).

이 두 사례는 NDA가 법정에서 우리 정보의 '비밀' 자격을 증명하는 가장 기본적인 토대임을 명확히 보여준다. NDA가 없다면, 법적 보호의 첫 단추부터 꿰지 못한 것이나 다름없다.

"여기까지는 보여줘도 괜찮습니다"
: 기술자료 제공 시 유의사항

NDA를 체결했다고 해서 모든 기술자료를 안심하고 제공해서는 안 된다. 특히 우리가 부품이나 용역을 납품하는 '수급사업자'(중소기업)의 입장이고, 거래 상대방이 '원사업자'(대기업, 발주처 등)인 경우라면, 그들의 부당한 기술자료 요구에 대해 우리 법은 특별한 보호 장치를 마련해두고 있다. 바로 「하도급거래 공정화에 관한 법률」(이하 '하도급법')이다.

'기술자료요구서'라는
강력한 방패를 활용하라

하도급법 제12조의3은 원사업자가 수급사업자에게 기술자료를 요구할 때의 절차와 요건을 매우 엄격하게 규정하고 있다. 만약 원사업자가 정당한 사유 없이 기술자료를 요구하거나, 요구하더라도 법이 정한 절차를 지키지 않으면 그 자체로 하도급법 위반이 되어 공정거래위원회의 시정조치나 과징금 부과 대상이 될 수 있다.

따라서 원사업자가 구두나 이메일로 "그 자료 좀 보내주세요"라고 할 때, 우리는 당당하게 이렇게 요구해야 한다. "법에 따라 '기술자료요구서'를 먼저 서면으로 주셔야 합니다."

원사업자가 반드시 제공해야 하는 '기술자료요구서'에는 아래의 내용이 명시되어야 한다.

① 요구 목적 및 범위

왜 이 자료가 필요한지, 그리고 어떤 범위의 자료를 요구하는지를 구체적으로 기재해야 한다.

② 권리 귀속관계

제공된 기술자료와 이를 바탕으로 발생할 수 있는 지식재산권이 누구에게 귀속되는지를 명확히 해야 한다.

③ 대가 및 지급방법

기술자료 제공에 대한 합당한 대가를 어떻게 산정하고 지급할 것인지를 정해야 한다.

④ 비밀유지에 관한 사항

제공된 기술자료를 어떻게 비밀로 유지할 것인지에 대한 구체적인 내용이 포함되어야 한다.

⑤ 제공일 및 제공방법

언제, 어떤 방식으로 자료를 전달할 것인지 명시해야 한다.

· 어떻게 공유할 것인가?(전략적 자료 제공)

법적 보호 장치가 있더라도 자료를 제공할 때는 항상 전략적으로 접근해야 한다.

• 최소 제공의 원칙: 요구 목적 달성에 필요한 '최소한의 정보'만 선별하여 제공해야 한다. 예를 들어, 부품의 호환성 확인이 목적이라면 전체 설계도면이 아닌 인터페이스 부분의 도면만 제공하는 식이다.

• '블랙박스(Black Box)' 형태 제공: 핵심 알고리즘이나 소

스코드를 직접 제공하기보다는, 그 기능이 구현된 실행 파일(컴파일된 라이브러리 등)이나 결과 데이터만 제공하여 핵심 로직의 노출을 피하는 방법이다.

• 흔적 남기기(워터마킹): 모든 자료에는 회사 로고, '대외비' '○○○(파트너사) 제출용' 등의 문구를 워터마크로 삽입하여, 만에 하나 유출되었을 때 그 경로를 추적할 단서로 삼아야 한다.

하도급 관계에서 원사업자의 기술자료 요구는 거절하기 어려운 '갑질'로 느껴질 수 있다. 하지만 하도급법은 바로 이러한 상황에서 중소기업을 보호하기 위해 만들어진 법이다. 법이 부여한 권리를 정확히 알고 당당하게 요구하는 것이 우리 기술을 지키는 현명한 방법이다.

국책과제, 공동연구개발 시 권리관계 명확히 하기

혁신을 가속화하고 리스크를 분산하기 위해 다른 기업이나 대학, 연구기관과 함께 기술을 개발하는 것은 이제 선택이 아닌 필수가 되었다. 특히 정부 R&D 자금이 투입되는 국책과제나 기업 간의 공동연구개발은 기술 발전의 중요한 동력이다. 하지만 '함께'라는 이름 아래 권리관계를 명확히 하지 않으면, 성공의 열매를 두고 쓰라린 분쟁에 휘말릴 수 있다.

'공동 소유'의 함정을 피해야 한다

별다른 약정 없이 공동으로 기술을 개발하면 그 결과물인 지식재산권(특허, 영업비밀 등)은 참여자들의 '공동 소유'가 되는 경우가 많다. 언뜻 공평해 보이지만, 공동 소유는 각자의 동의 없이는 기술을 이전(매각)하거나 다른 곳에 라이선스를 주기 어려워(민법 제264조, 특허법 제99조 제2항), 오히려 기술이 시장에 나가지 못하고 사장되는 '공유지의 비극'을 낳는 족쇄가 될 수 있다.

시작이 반이다: '공동연구개발 계약서'부터 꼼꼼히 작성하라

성공적인 협력과 분쟁 예방의 핵심은 연구 시작 전에 '누구의 기술로, 무엇을 만들어, 누가 갖고, 어떻게 쓸 것인가'를 명확히 합의하고 문서화하는 것이다. 공동연구개발 계약서에는 다음 내용이 반드시 포함되어야 한다.

① 배경기술(Background IP)의 특정

각 참여자가 공동연구를 시작하기 전부터 이미 보유하고 있던 기존의 기술, 특허, 노하우는 누구의 소유인지 명확히 목록으로 만들어 계약서에 첨부해야 한다. 이는 공동연구의 결과물이 아니므로 각자의 단독 소유임을 명시하여, 향후 결과물에 대한 권리 범위를 명확히 하는 기준선이 된다.

② 결과물(Foreground IP)의 소유권 귀속

이번 공동연구를 통해 새롭게 창출된 기술, 발명, 데이터 등 결과물의 소유권을 어떻게 할 것인지가 가장 중요한 합의 사항이다. 각자의 기여도에 따라 지분을 나누어 공동 소유로 할 수도 있고, 특정 결과물은 특정 참여자가 단독 소유하기로 약정할 수도 있다. 이 부분을 명확히 하지 않으면 모든 분쟁의 씨앗이 된다.

③ 실시권(License)의 허여

개발된 기술을 각 참여자가 어떻게 사업에 활용할 수 있는지 구체적으로 정해야 한다. 예를 들어, 공동 소유한 특허에 대해 "각 당사자는 다른 당사자의 동의 없이 자유롭게 자신을 위해 실시할 수 있다"고 정하거나 "A사는 국내 독점 실시, B사는 해외 독점 실시"와 같이 사업 영역을 나누어 실시권을 설정할 수 있다.

④ 비용 분담 및 수익 배분

연구개발에 투입되는 인력, 장비, 자금 등 비용을 어떻게 분담할 것인지, 그리고 향후 기술을 통해 발생할 수익(라이선스료, 제품 판매 수익 등)을 어떻게 배분할 것인지 구체적인 비율과 방식을 정해야 한다.

⑤ 비밀유지의무 및 계약 종료 후 조치

공동연구 과정에서 알게 된 상대방의 배경기술과 연구 결과에 대한 비밀유지의무를 명시하고, 계약이 종료된 후에는 관련 자료를 어떻게 반환하거나 파기할 것인지 정해야 한다.

공동연구개발은 '결혼'과도 같다. 시작하기 전의 설렘도 중요하지만, 관계의 규칙을 명확히 하는 '혼전 계약서'와 같은 공동연구개발 계약서가 있어야만 행복한 결실을 맺고 예기치 않은 파국을 막을 수 있다.

스타트업의 아이디어 보호
: 대기업과의 협상 시 유의사항

최근 기술분쟁은 장기적인 거래 관계가 있는 협력사 사이보다, 신규 사업이나 투자를 협의하는 '거래교섭 단계'에서 훨씬 더 많이 발생하고 있다. 특히 자본과 협상력이 부족한 스타트업은 자신의 아이디어나 기술을 먼저 보여주고 투자를 유치하거나 대기업과의 협력을 제안해야 하는 경우가 많아, 이 단계에서 핵심 아이디어나 기술을 탈취당할 위험에 매우 취약하다.

아이디어 탈취를 막는 새로운 법적 방패
: '아이디어 탈취 행위'

과거에는 특허나 영업비밀로 보호받지 못하는 '아이디어' 단계의 정보는 탈취당해도 법적으로 구제받기 어려웠다. 하지만 2018년 개정된 부정경쟁방지법은 거래교섭 또는 거래 과정에서 제공된 타인의 기술적 또는 영업상의 아이디어를 정당한 보상 없이 부정하게 사용하는 행위를 '아이디어 탈취 행위'(부정경쟁방지법 제2조 제1호 차목)라는 새로운 유형의 부정경쟁행위로 규정하여 보호의 길을 열었다.

· 대법원 최초의 아이디어 탈취 인정 판례 ·

(대법원 2020. 7. 23. 선고 2020다220607 판결)

이 판결은 새로운 법 조항의 실효성을 확인시켜 준 중요한 이정표다. 한 치킨배달점 가맹본부가 광고 용역업체와의 광고 용역을 진행하다 용역 제공이 완료되지 않은 상황에서 마케팅 대행 업무계약이 종결된 사안에서, 대법원은 용역과정에서 용역제공자에 의해 만들어진 네이밍과 광고 콘티를 광고주가 제작비 지급 없이 무단으로 사용하는 것은 아이디어 탈취행위에 해당한다고 판단하고 금지 및 손해배상 책임을 인정했다. 이 판결은 대기업 등이 협상 과정에서 얻은 중소기업이나 스타트업의 아이디어를 공짜로 사용하는 관행에 제동을 거는 강력한 신호가 되었다.

스타트업을 위한 협상 초기 대응 전략

---

① 단계적 정보 공개(Phased Disclosure)

첫 미팅부터 모든 핵심 기술과 사업 모델을 공개하지 말라. 처음에는 사업의 큰 그림과 비전, 해결하고자 하는 문제 중심으로 설명하며 상대방의 협력 의지와 진정성을 파악하는 데 집중해야 한다.

② 회의록 작성 및 공유 습관화

미팅 후에는 반드시 논의된 내용, 특히 우리가 제공한 핵심 아이디어나 기술 컨셉을 요약한 회의록(Meeting Minutes)을 작성하여 상대방과 이메일 등으로 공유해두라. 이는 '우리가 먼저 제안한 내용'이라는 객관적인 기록을 남겨, 향후 분쟁 시 아이디어의 출처를 입증하는 결정적인 증거가 될 수 있다.

③ 핵심 정보는 NDA 체결 후에

아이디어 탈취 행위로 보호받을 수 있게 되었지만, 여전히 그 입증 책임은 피해자인 스타트업에게 있다. 따라서 사업의 구체적인 로드맵, 핵심 알고리즘, 차별화된 기술 데이터 등은 반드시 NDA를 체결한 이후에 공개하는 원칙을 지키는 것이다.

'나 몰래 특허 단독 출원' 원천 봉쇄하기

공동연구개발 실무에서 종종 발생하는 중요한 문제는 파트너사가 연구 결과물을 몰래 '자신의 단독 명의'로 특허 출원해 버리는 경우다.

이러한 상대방의 배신을 사전에 막으려면 계약서에 두 가지 안전장치를 연계해 두어야 한다.

첫째, "상대방의 사전 서면 동의 없는 단독 출원을 금지하며, 위반 시 취득한 권리는 상대방에게 무상으로 이전하거나 공동 소유로 한다"는 조항을 명시하여 권리를 되찾아올 확실한 근거를 남겨야 한다.

둘째, 여기에 "단독 출원 적발 시 위반 당사자는 위약벌로 금 ○○○원을 즉시 지급한다"는 조항을 추가해야 한다. 위약벌이라는 강력한 재무적 리스크를 걸어두면 상대방은 애초에 딴마음을 먹을 엄두조차 내지 못한다. 법정에서 싸워 이기는 것보다, 처음부터 계약서로 옭아매어 싸움을 예방하는 것이 최선의 방어다.

Chapter 3을
마무리하며

내부의 성벽을 아무리 견고하게 쌓아도, 외부로 통하는 문을 제대로 관리하지 못하면 모든 노력이 수포로 돌아갈 수 있다. Chapter 3에서는 외부 파트너와의 협력 과정에서 발생할 수 있는 다양한 기술유출 위험과 그에 대한 법적·실무적 대응 방안을 살펴보았다.

첫째, 모든 외부 협력은 'NDA'로 시작해야 한다.

비밀유지계약(NDA)은 외부와의 관계에서 우리 기술을 지키는 가장 기본적인 안전장치다. "민감한 정보를 공유하기 전, 무조건 먼저" 체결하는 것을 철칙으로 삼아야 한다. 특히 보호할 정보의 범위, 사용 목적 제한, 비밀유지 기간, 위반 시 책임 등 핵심 조항을 우리 회사의 상황에 맞게 꼼꼼히 설계해야 한다.

판례에서 보듯이 잘 만들어진 NDA는 법정에서 우리의 '비밀 관리 노력'을 증명하는 가장 강력한 증거가 된다.

둘째, '을'의 입장에서 법이 부여한 권리를 당당하게 활용해야 한다.

특히 대기업과의 하도급 관계에서 부당한 기술자료 요구에 대해서는 「하도급법」이 강력한 보호막을 제공한다. 원사업자가 법적 절차에 따라 '기술자료요구서'를 제공하지 않는다면, 이는 그 자체로 법 위반이 될 수 있다. 법이 부여한 권리를 정확히 알고, 자료 제공 시에는 '최소 제공의 원칙'과 '워터마킹' 등 전략적인 접근을 잊지 말아야 한다.

셋째, '함께' 일하기 전에는 '권리'부터 명확히 해야 한다.

국책과제나 공동연구개발은 성공의 기회인 동시에 분쟁의 씨앗이 될 수 있다. '공동 소유'라는 함정에 빠지지 않기 위해서는, 연구 시작 전에 '공동연구개발 계약서'를 통해 각자의 배경기술(Background IP)을 명확히 하고, 새롭게 만들어질 결과물(Foreground IP)의 소유권과 실시권을 구체적으로 합의해야 한다. 시작 단계에서의 명확한 약속이 성공적인 협력의 가장 튼튼한 기반이 된다.

넷째, 스타트업의 '아이디어'도 법의 보호를 받을 수 있다.

과거에는 보호받기 어려웠던 '아이디어' 단계의 정보도 이제는 부정경쟁방지법상 '아이디어 탈취 행위'로 보호받을 수 있게 되었다. 하지만 여전히 입증의 어려움은 남아 있으므로, 대기업 등과의 협상 시에는 단계적으로 정보를 공개하고, 회의록을 통해 기록을 남기며, 핵심 정보는 반드시 NDA 체결 후에 공개하는 지혜가 필요하다.

지금까지 우리는 Part 1을 통해 '무엇을', 그리고 '어떻게' 지킬 것인지에 대한 사전 예방 시스템의 큰 그림을 완성했다. 하지만 아무리 철저히 대비해도 100% 완벽한 방어는 어렵다. 만약 최악의 상황, 즉 유출이 의심되는 정황이 발생했다면 어떻게 해야 할까?

다음 Part 2에서는 골든타임을 놓치지 않고 신속하게 대응하는 실전 전략에 대해 알아보도록 하자.

경영자가 반드시 알아야 할
기술유출 대응 시나리오

Part 2

골든타임을 놓치지 마라

: 기술유출 발생 시 대응 전략

• • • •

Part 1에서 우리는 기술유출이라는 '화재'를 예방하기 위해 튼튼한 방화벽을 쌓는 방법에 대해 알아보았다. 하지만 아무리 철저히 대비하더라도, 예상치 못한 곳에서 불씨는 피어오를 수 있다. 경쟁사가 우리와 너무나 유사한 제품을 출시했거나, 핵심 인력이 퇴사 후 의심스러운 행보를 보인다는 소문이 들려올 때, 담당자의 머릿속은 하얗게 변하고 심장은 철렁 내려앉는다.

바로 이 순간이 기술유출 대응의 성패를 가르는 '골든타임'이다. 화재 초기에 소화기 하나로 진압할 수 있는 불길을, 우왕좌왕하다가 건물 전체를 태우는 대형 참사로 키워서는 안 된다. 기술유출 역시 마찬가지다. 유출 정황을 인지한 초기 일주일간의 대응이, 길고 험난한 법적 분쟁의 결과를 좌우하고 회사의 미래를 결정짓는다.

이 장(Part 2)에서는 패닉에 빠지기 쉬운 위기 상황에서, 감정적인 대응이 아닌 냉철하고 체계적인 '실전 매뉴얼'을 제시하고자 한다. 무엇을 가장 먼저 해야 하는지, 어떤 증거를 어떻게 확보해야 하는지, 그리고 언제 법률 전문가의 도움을 받아야 하는지에 대한 구체적인 행동 지침을 통해, 우리 회사의 피해를 최소화하고 빼앗긴 권리를 되찾기 위한 첫걸음을 뗄 수 있도록 안내하겠다.

Chapter 1

유출 정황 포착

- 무엇부터 해야 하나?

평소 성실했던 핵심 직원이 퇴사를 앞두고 갑자기 대용량의 파일을 다운로드했다는 보안 알림이 울린다. 혹은 경쟁사에서 우리 회사의 신제품과 너무나 흡사한 제품을 출시했다는 소식이 들려온다.

이런 순간, 담당자의 머릿속은 하얗게 변할 수밖에 없다. 배신감에 치가 떨리고, 당장이라도 해당 직원을 불러 "네가 훔쳐 갔느냐"고 다그치고 싶을 것이다. 또는 무엇이 유출되었는지 확인하겠다며 급하게 해당 직원의 컴퓨터를 켜서 이것저것 파일을 열어보기도 한다.

하지만 단언컨대, 이런 감정적이고 섣부른 행동이 기술 유출 대응을 망치는 가장 큰 원인이 될 수 있다.

유출 정황을 포착한 직후의 일주일, 이른바 '골든타임(Golden Time)'은 향후 전개될 길고 지루한 법적 공방의 승패를 결정짓는 가장 중요한 시기이다. 이때 확보한 증거 하나가 재판의 판도를 뒤집고, 이때 저지른 실수 하나가 결정적인 증거의 효력을 잃게 만든다. 화재 초기에 소화기 하나가 소방차 열 대보다 낫듯, 기술 유출 사고 역시 초동 대응이 얼마나 체계적으로 이루어지느냐에 따라 회사가 입을 피해의 규모가 달라질 수 있다.

이 징에서는 비상벨이 울린 그 순간, 회사가 취해야 할 '긴급 대응 매뉴얼'을 다룬다.

우왕좌왕하지 않고 신속하게 내부 조사팀(TF)을 꾸리는 방법부터 증거의 무결성을 해치지 않고 디지털 증거를 확보하는 원칙, 그리고 왜 반드시 초기 단계부터 법률 전문가와 함께해야 하는지에 대해 상세히 설명한다. 특히 의욕만 앞선 자체 조사가 어떻게 '증거 인멸'로 오인될 수 있는지, 섣부른 추궁이 어떻게 '명예훼손'이나 '강요'라는 역공의 빌미가 되는지 짚어보며 '절대 하지 말아야 할 행동'을 명확히 제시하고자 한다.

지금 필요한 것은 뜨거운 분노가 아니라 차가운 이성과 치밀한 전략이다. 위기를 기회로, 의심을 확신으로 바꾸기 위한 첫 번째 행동 지침을 지금 바로 확인해 보자.

내부조사팀 꾸리기와 초기 대응 매뉴얼

기술유출이 의심되는 상황에서 가장 먼저 할 일은 우왕좌왕하지 않고 질서정연하게 움직이는 것이다. '설마 우리 회사가?'라는 안일한 생각이나 "누가 그랬어?"라는 감정적인 대응은 일을 그르칠 뿐이다. 위기 상황일수록 냉정하고 체계적인 대응이 필요하며, 그 첫걸음은 바로 신속한 '초동 대응팀(TF)' 구성이다.

(1) 초동 대응팀(TF)을 즉시 구성하라

이 문제는 담당자 혼자서 감당할 수 있는 무게가 아니다. 유출 정황이 인지된 즉시, 관련 부서의 책임자들로 구성된 비공개 대응팀을 꾸려야 한다. 이 팀은 정보 공유의 중심점이 되어 신속하고 일관된 의사결정을 내리는 컨트롤 타워 역할을 수행하게 된다.

· 팀 구성원 예시

- 팀장(총괄): 법무 또는 보안 담당 임원(신속한 의사결정 및 총괄 지휘)
- 기술 담당: 해당 기술 개발팀장 또는 연구소장(무엇이, 얼마나 유출되었는지 기술적 범위 특정)
- IT 담당: IT 팀장 또는 전산 담당자(디지털 증거 확보 및 보존, 로그 분석)
- 인사 담당: 인사팀장(관련 임직원 면담, 징계 절차, 퇴직자 정보 확인)
- 경영진: 대표이사 또는 CTO(최종 의사결정 및 법적 조치 승인)

이 팀은 조사가 끝날 때까지 모든 과정을 철저히 비공개로 진행해야 한다. 조사가 진행 중이라는 사실이 외부에 알려지면, 범인이 증거를 인멸하거나 말을 맞출 시간을 주게 되어 사건 해결을 더욱 어렵게 만들기 때문이다.

(2) 초기 대응 매뉴얼
: 이것만은 반드시 지켜라!

패닉에 빠지면 반드시 실수를 하게 된다. 아래의 '해야 할 일(DOs)'과 '절대 해서는 안 될 일(DON'Ts)' 리스트를 책상에 붙여두고, 모든 대응 과정에서 이 원칙을 지켜야 한다.

· 반드시 해야 할 일(DOs)

① 증거부터 확보하고 '있는 그대로' 보존하라

유출 혐의자의 PC, 노트북, USB, 외장하드, 업무용 스마트폰 등을 즉시 확보해야 한다. 기술유출의 결정적인 증거는 혐의자의 개인 이메일이나 카카오톡과 같은 메신저 대화에서 발견되는 경우가 매우 많기 때문에 데이터가 저장된 PC와 스마트폰 등의 저장매체를 원본 그대로 확보하는 것이 무엇보다 중요하다. 이때 가장 중요한 것은 '절대로 컴퓨터 전원을 켜거나 파일을 열어보지 않는 것'이다. 증거의 생명은 '무결성'에 있는데, 비전문가가 파일을 열어보는 순간 파일의 최종 접근 시간 등 메타데이터가 변경되어 법정에서 증거 능력을 잃을 수 있다. 물리적으로 해당 기기를 회수하여 전원을 끈 상태로 안전한 곳에 보관하는 것이 초기 대응의 핵심이다.

② 모든 것을 시간 순서대로 기록하라

최초 인지 시점과 경위, 관련자 면담 내용, 조치 사항, 증거물 확보 과정 등 모든 것을 시간 순서대로 상세히 기록해야 한다. 사람의 기억은 부정확하고 시간이 지나면 왜곡되기 쉽다. 이 기록은 나중에 변호사가 사건을 파악하고, 법정에서 진술의 신빙성을 높이는 가장 강력한 무기가 된다.

③ 신속하게 법률 전문가와 상담하라

내부적으로만 판단하고 움직이는 것은 매우 위험하다. 기술유출 전문 변호사는 법정에서 어떤 증거가 필요하고, 어떤 절차가 합법적인지 가장 잘 안다. 초기 조사 단계부터 변호사의 자문을 받으면, 승소에 필요한 핵심 증거를 놓치지 않고 효율적으로 확보할 수 있으며, 조사 과정에서 발생할 수 있는 법적 리스크(개인정보보호법 위반 등)를 예방할 수 있다.

① 확실한 증거 없이 섣불리 추궁하지 마라

"네가 그랬지?"라는 식의 섣부른 추궁은 혐의자에게 증거를 인멸할 시간을 벌어줄 뿐이다. 만약 오해였을 경우, 역으로 명예훼손이나 강요죄 등 법적 문제에 휘말릴 수 있다. 모든 것은 '객관적인 증거'를 확보한 뒤에 시작해야 한다.

② 혐의자 PC를 임의로 조사하지 마라

"무슨 파일이 있나 보자"며 담당자가 직접 PC를 켜고 파일을 검색하는 것은 최악의 대응이다. 이는 증거의 무결성을 심각하게 훼손하는 행위이며, 나중에 포렌식 분석을 하더라도 그 결과의 신뢰도를 떨어뜨리는 치명적인 실수가 될 수 있다.

③ 감정적으로 대응하며 소문을 퍼뜨리지 마라

분하고 억울한 마음에 다른 직원들에게 "○○○가 기술을 빼돌린 것 같다"는 식의 말을 하는 것은 절대 금물이다. 이는 사내 분위기를 해칠 뿐만 아니라, 명예훼손으로 역공을 당할 빌미를 제공하게 된다. 모든 대응은 냉정하고 이성적으로, 오직 TF팀 내부에서만 공유되어야 한다.

디지털 포렌식
: 결정적 증거 확보의 첫걸음

"심증은 가는데 물증이 없다"는 말은 법정에서 통하지 않는다. 우리의 의심을 '법적 증거'로 만들어주는 과학적인 수사 기법이 바로 '디지털 포렌식'이다. 초기 대응을 통해 확보한 PC, 스마트폰 등의 저장매체는 이제 전문가의 손을 거쳐야만 법정에서 효력을 발휘하는 '결정적 증거'로 다시 태어날 수 있다.

많은 중소기업이 포렌식 분석 비용을 부담스러워하지만, 디지털 포렌식은 소송의 승패를 좌우할 수 있는 중요한 투자다. 법원은 스스로 진실을 찾는 것이 아니라, 당사자가 제출한 객관적 증거를 바탕으로 누구의 주장이 더 설득력 있는지를 판단한다. 물증이 없어 패소했을 때 회사가 입게 될 막대한 손해를 생각하면, 포렌식 비용은 결코 아까워해서는 안 될 필수적인 투자다. 법정에서는 "증거가 없으면 진실도 없다"는 현실을 기억해야 한다.

(1) 디지털 포렌식이란 무엇인가?

디지털 포렌식은 PC, 서버, 스마트폰, 클라우드 스토리지 등 디지털 기기에 남아 있는 데이터를 수집하고 분석하여 범죄의 단서를 찾는 과학적 수사 기법을 말한다. 눈에 보이는 파일뿐만 아니라, 삭제된 파일, 이메일 송수신 내역, 카카오톡과 같은 메신저 대화 내용, 특정 파일의 실행 기록, USB 연결 기록 등 사용자가 지웠다고 생각하는 숨겨진 흔적까지 찾아낼 수 있다. 기술유출 사건에서 범행의 고의성이나 공모 관계를 입증하는 결정적인 증거는 바로 이러한 디지털 기록에서 발견되는 경우가 대부분이다.

(2) 왜 반드시 전문가에게 맡겨야 하는가?

· 증거의 무결성 확보

포렌식의 핵심은 '증거의 무결성(Integrity)'을 확보하는 것이다. 포렌식 전문가는 원본 저장매체를 그대로 두고, 쓰기 방지 장치를 이용하여 원본과 100% 동일한 '사본(이미징)'을 만들어 분석 작업을 진행한다. 이는 원본이 단 1비트도 훼손되지 않았음을 증명하여, 분석 결과가 법정에서 증거로 채택될 수 있게 하는 가장 중요한 절차다. 만약 비전문가가 원본을 직접 조작하면, 그 증거는 오염된 것으로 간주되어 법정에서 배척될 수 있다.

· 삭제된 데이터 복구 및 분석

혐의자가 급하게 삭제한 파일이나 포맷한 저장매체라도, 전문 기술과 도구를 통해 상당 부분 복구하고 분석하는 것이 가능하다. 또한, 수많은 로그 기록 속에서 유의미한 행위를 찾아내고 그 연관성을 분석하여 유출 경로와 시점을 재구성하는 것은 고도의 전문성이 필요한 영역이다.

· 객관적인 전문가 보고서

포렌식 전문가는 분석 과정과 결과를 담은 객관적인 보고서를 작성한다. 이 전문가 보고서는 수사기관과 법원에서 높은 신뢰도를 가지며, 우리의 주장을 뒷받침하는 강력한 근거 자료가 된다.

변호사 선임,
언제 어떻게 해야 할까?

기술유출 대응은 법률 전쟁이다. 전쟁터에 나갈 때 가장 유능한 장수를 고용해야 하듯 변호사 선임은 신중하면서도 신속하게 이루어져야 한다. 증거를 확보하고, 사실관계를 파악하는 것도 중요하지만, 이 모든 것을 법의 언어로 재구성하고 법정에서 우리를 대신해 싸워줄 전문가의 조력은 선택이 아닌 필수다.

(1) 언제 선임해야 하는가?

"유출이 의심되는 즉시, 최대한 빨리!"

많은 담당자가 내부 조사를 어느 정도 마친 뒤 "이제 고소해야겠다"고 결심했을 때 비로소 변호사를 찾는다. 하지만 그때는 이미 골든타임을 놓쳤을 수 있다. 최적의 변호사 선임 시점은 '유출 정황을 인지하고 초동 대응팀(TF)을 꾸리는 바로 그 시점'이다.

(2) 왜 빨리 선임해야 하는가?

· 올바른 조사 방향 설정 및 효율적인 증거 확보

변호사는 수많은 사건 경험을 통해 법정에서 어떤 증거가 결정적인 역할을 하는지 가장 잘 알고 있다. 초기 조사 단계부터 변호사가 개입하면, 승소에 필요한 핵심 증거를 놓치지 않고 효율적으로 확보할 수 있도록 길을 안내해 줄 수 있다. 예를 들어, 어떤 로그 기록을 우선적으로 분석해야 하는지, 관련자 면담 시 어떤 질문을 통해 법적으로 유의미한 진술을 확보해야 하는지 등에 대해 구체적인 자문을 제공할 수 있다.

· 변호사 – 의뢰인 비밀유지권(Attorney–Client Privilege)의 전략적 활용

변호사와 의뢰인 간의 상담 내용은 비밀이 보장되어야 한다.

미국 등 영미법계 국가에서는 이러한 '비밀유지권'이 법적으로 강력하게 보호받아, 소송 과정에서 상대방이 변호사와의 상담 내용을 증거로 요구할 수 없다. 최근 한국에서도 이 권리가 명문 법률로 인정되었다(개정 변호사법 제26조의2).

아직 실무적인 운영방안에 대해서는 명확히 공개되지 않았지만 지금부터는 변호사와 주고받는 모든 이메일이나 문서 제목에 '[Attorney-Client Privilege]' 또는 '[변호사-의뢰인 비밀유지 특권 대상]'이라고 명시하는 습관을 들이는 것이 바람직하다. 이는 조사 및 대응 전략의 노출 위험을 최소화하고, 향후 발생할 수 있는 법적 변화에 대비하는 현명한 조치다.

· 법적 리스크 관리

기술유출 조사는 매우 민감한 과정이다. 섣부른 내부 조사는 자칫 근로기준법 위반(부당한 징계), 개인정보보호법 위반(사생활 침해), 통신비밀보호법 위반(이메일 무단 열람) 등 또 다른 법적 문제를 낳을 수 있다. 변호사는 이 모든 과정을 합법적인 테두리 안에서 안전하게 진행하도록 돕는 가이드 역할을 한다.

(3) 어떤 변호사를 선임해야 하는가?

모든 변호사가 기술유출 사건을 다룰 수 있는 것은 아니다. 반드시 '기술유출' '영업비밀' '지식재산권' 분야를 전문으로 다루는 변호사를 찾아야 한다. 좋은 기술유출 전문 변호사는 다음과 같은 역량을 갖추고 있다.

· 기술에 대한 높은 이해도

기술유출 소송의 성패는 복잡한 기술의 원리와 가치를 법관에게 얼마나 쉽고 명확하게 전달하는지에 달려 있다. 안타깝게도 대부분의 판사들은 법률 전문가이지 기술 전문가는 아니기 때문에, 기술에 대한 이해도가 높지 않은 경우가 많다. 따라서 변호사는 때로는 중·고등학생도 이해할 수 있을 만큼 평이한 언어로 기술의 핵심과 침해 사실을 설명하여 재판부를 설득할 수 있어야 한다. 이를 위해서는 기술과 법, 양쪽에 대한 깊이 있는 이해를 갖춘 변호사의 조력이 필수적이다.

· 풍부한 소송 경험

기술유출, 영업비밀, 지식재산권에 관한 소송은 일반적인 민사소송과 그 절차가 다른 점이 많다. 예를 들어, 유출된 기술을 상대방에게는 더 이상 누설하지 않으면서도 향후 강제집행에 문제가 없을 정도로 명확히 특정해야 하는 고도의 변론 기술이 필요하다. 또한 재판부를 이해시키기 위한 별도의 '기술설명회'와 같은 변론절차가 추가되는 경우가 많고, 기술의 가치나 침해 여부를 판단하기 위해 전문가의 '감정' 절차를 활용하는 경우도 적지 않다. 이러한 특수한 소송 절차에 대한 경험이 많은 변호사와 그렇지 않은 변호사의 소송 수행 능력에는 차이가 있을 수밖에 없다. 유사 사건을 다루어 본 경험이 많을수록 이러한 예상치 못한 변수에 효과적으로 대응할 수 있다.

· 유능한 디지털 포렌식 업체와의 네트워크

신뢰할 수 있는 포렌식 업체와 긴밀하게 협력하여 증거의 질을 높일 수 있다.

초기 대응은 화재 진압과 같다. 작은 불씨가 보였을 때 전문가인 소방관(변호사)을 불러 초기에 진압해야지, 혼자서 물 몇 바가지 끼얹다가 회사 전체를 태우는 우를 범해서는 안 된다.

Chapter 1을
마무리하며

지금까지 우리는 기술유출이라는 비상 상황이 발생했을 때 혼란에 빠지지 않고 침착하게 대응하기 위한 첫 단추를 꿰는 방법에 대해 알아보았다. Chapter 1의 핵심은 '골든타임' 내에 '증거'를 중심으로 '전문가'와 함께 움직여야 한다는 것이다.

첫째, 모든 대응의 시작은 '증거 보존'이다.

유출이 의심되는 순간, 가장 먼저 해야 할 일은 혐의자의 PC, 스마트폰 등 데이터가 담긴 저장매체를 원본 그대로 확보하는 것이다. 이때 절대 전원을 켜거나 파일을 열어보는 실수를 해서는 안 된다. 증거의 '무결성'을 지키는 것이야말로 향후 법적 절차의 승패를 가르는 첫 번째 관문이다.

둘째, '디지털 포렌식'은 비용이 아닌 필수 투자다.

법원은 우리의 억울한 사정이나 심증만으로 판결하지 않는다. 오직 '객관적인 증거'만이 법원을 움직일 수 있다. 삭제된 파일이나 메신저 대화 등 결정적인 증거를 찾아내고, 이를 법정에서 효력 있는 자료로 만들기 위해서는 반드시 디지털 포렌식 전문가의 도움을 받아야 한다. 이는 소송의 성패를 좌우하는 가장 중요한 투자다.

셋째, '변호사'는 최대한 빨리 우리 편으로 만들어야 한다.

기술유출 사건은 고도의 전문성이 요구되는 특수한 법률 전쟁이다. 따라서 사건 초기부터 기술과 소송에 대한 이해도가 높은 전문 변호사와 함께해야 한다. 변호사는 올바른 증거 확보 방향을 제시하고, 조사 과정에서 발생할 수 있는 법적 리스크를 관리하며, 복잡한 기술을 재판부가 이해하기 쉽게 설명하는 핵심적인 역할을 수행한다.

넷째, 모든 과정은 '기록'하고 '비공개'로 진행해야 한다.

초기 대응팀(TF)을 꾸려 모든 정보를 중앙에서 관리하고, 조치 사항 하나하나를 시간 순서대로 꼼꼼히 기록해야 한다. 동시에, 섣부른 추측이나 감정적인 대응으로 외부에 소문이 새어

나가지 않도록 보안을 유지하는 것이 무엇보다 중요하다.

이제 우리는 유출 정황 포착 시 무엇부터 해야 하는지에 대한 명확한 행동 지침을 갖게 되었다. 다음 Chapter 2에서는 확보된 증거를 바탕으로 상대방을 향한 본격적인 법적 조치를 어떻게 개시할 것인지에 대해 알아보도록 하자.

Chapter 2

법적 조치 개시
- 우리의 선택지는?

초기 대응을 통해 증거를 확보하고 법률 전문가라는 든든한 아군까지 얻었다면, 이제 본격적으로 외부를 향한 '액션'을 개시할 차례다. 이 단계에서의 결정 하나하나가 소송의 유불리를 결정하고, 회사의 미래에 큰 영향을 미치게 된다. 신중하되, 과감하게 움직여야 한다.

이 장에서는 확보한 증거를 바탕으로 상대방에게 우리의 단호한 의지를 보여주고, 실질적인 피해 회복 절차에 돌입하기 위한 구체적인 선택지들을 살펴보겠다. 내용증명 발송이라는 첫 경고 사격부터 형사고소와 민사소송이라는 두 개의 칼을 어떻게 효과적으로 사용할 것인지에 대한 전략까지, 법적 조치를 위한 상세한 액션 플랜을 제시한다.

내용증명 발송
: 상대방 압박과 증거 확보

소송이라는 '전면전'에 돌입하기 전 반드시 거쳐야 할 효과적인 '경고 사격'이 바로 내용증명이다. 이는 비교적 적은 비용으로 상대방의 의중을 파악하고, 우리에게 유리한 증거를 추가로 확보할 수 있는 매우 유용한 법적 도구다.

(1) 내용증명이란 무엇인가?

내용증명은 우체국을 통해 "어떤 내용의 문서를, 언제, 누가 누구에게 발송했는지"를 국가기관인 우체국이 공적으로 증명해 주는 제도다. 그 자체로 법적 강제력은 없지만 "우리는 이 문제에 대해 공식적으로 문제를 제기했다"는 사실을 입증하는 확실한 증거가 된다.

(2) 왜 보내야 하는가?

· 내용증명의 3가지 전략적 목표

① 공식 경고 및 심리적 압박

변호사 명의로 작성되어 법무법인의 직인이 찍힌 내용증명은 상대방에게 "이 문제는 더 이상 어물쩍 넘어갈 수 없다. 우리는 법적 조치를 진지하게 준비 중이다"라는 강력한 메시지를 전달한다. 개인 간의 감정적인 연락과는 차원이 다른 압박감을 주며, 이것만으로도 침해 행위가 중단되거나 상대방이 협상에 나서는 경우가 많다.

② 상대방의 답변 유도 및 증거 확보

내용증명에 대한 상대방의 답변은 그 자체로 중요한 증거가 된다. 만약 답변서에서 사실과 다른 변명을 하거나 거짓 주장을 한다면, 나중에 법정에서 그를 공격할 유력한 무기가 된다. 반대로 답변을 회피하거나 무시한다면, 이는 법정에서 불리한 정황으로 해석될 수 있다.

③ 소멸시효 중단

손해배상 청구권은 손해 및 가해자를 안 날로부터 3년이 지나면 시효로 소멸한다. 내용증명을 보내 '최고(이행 청구)'를 하면, 6개월간 시효 진행을 중단시키는 효과가 있다. 이 6개월의 시간은 소송을 준비하고 추가 증거를 확보하는 데 매우 유용하게 활용될 수 있다.

(3) 무엇을 담아야 하는가?

절대로 담당자가 감정적으로 작성해서는 안 된다. 잘못된 사실관계나 불필요한 내용이 포함되면 오히려 우리의 발목을 잡을 수 있다. 반드시 변호사의 검토를 거쳐, 아래 예시와 같이 사실관계와 법적 근거, 그리고 우리의 요구사항을 간결하고 명확하게 담아야 한다.

다음 예시를 살펴보자.

귀사의 무궁한 발전을 기원합니다.

발신인 주식회사 ○○○(이하 '당사'라 함)는 다년간의 연구개발을 통해 '○○○ 반도체 공정의 핵심 조건에 관한 기술 정보'(이하 '이 건 영업비밀'이라 함)를 개발하여, 부정경쟁방지법상의 요건에 따라 엄격히 비밀로 관리해 온 정당한 보유자입니다.

그런데 최근 귀사가 이 건 영업비밀을 정당한 권한 없이 취득하여 귀사의 ○○○ 제품 생산에 무단으로 사용하고 있다는 사실을 인지하게 되었습니다. 이는 2025년 ○월 ○일 당사를 퇴사한 ○○○가 당사와의 비밀유지의무를 위반하여 이 건 영업비밀을 귀사에 유출했기 때문인 것으로 파악하고 있습니다.

귀사도 잘 아시다시피, 타인의 영업비밀을 부정한 방법으로 취득·사용하는 행위는 부정경쟁방지법 제2조 제3호에 명시된 명백한 '영업비밀 침해행위'에 해당합니다. 이러한 침해행위에 대해서는 민사상 침해금지 및 손해배상 책임(동법 제10조, 제11조)은 물론, 10년 이하의 징역 또는 5억원 이하의 벌금에 해당하는 형사처벌(동법 제18조 제2항)까지 받을 수 있는 중대한 범죄행위입니다.

귀사의 위법한 영업비밀 침해행위로 인하여 당사는 막대한 유·

무형의 손해를 입고 있는바, 이를 더 이상 묵과할 수 없으므로, 당사는 귀사에 대하여 2026년 ○월 ○일까지 다음의 사항을 이행할 것을 엄중히 요구합니다.

　가. 이 건 영업비밀을 사용한 제품의 생산, 판매 등 일체의 침해행위 즉시 중단

　나. 귀사가 보유하고 있는 이 건 영업비밀 관련 모든 자료(복제물 포함)의 즉각적인 반환 또는 폐기 및 그 결과 증빙 제출

　다. 본건 침해행위로 인한 당사의 손해에 대한 배상 협의 개시

만일 귀사가 위 기한까지 당사의 정당한 요구에 대한 합당한 조치나 회신이 없을 경우, 당사는 귀사에 대하여 가처분 신청 등 민사상 조치는 물론, 형사고소를 포함한 모든 법적 조치에 착수할 것임을 엄중히 통보하는 바입니다.

형사고소 vs 민사소송, 무엇이 더 효과적인가?

내용증명에도 상대방이 응하지 않거나, 사안이 매우 중대하여 즉각적인 조치가 필요하다고 판단될 경우, 이제 본격적인 법적 절차에 돌입해야 한다. 우리에게는 '형사고소'와 '민사소송'이라는 2가지 강력한 무기가 있다. 이 두 절차는 목표와 성격이 완전히 다르므로, 그 차이점을 정확히 이해하고 상황에 맞게 전략적으로 활용하는 것이 무엇보다 중요하다.

(1) 목표가 다른 두 개의 칼: 처벌과 회복

형사고소의 목표는 '가해자의 처벌'이다. 기술을 훔쳐간 범죄자를 국가의 이름으로 수사하여 징역이나 벌금형과 같은 형사처벌을 받게 하는 것이 목적이다. 이는 정의를 실현하고, 다른 잠재적 범죄자들에게 강력한 경고 메시지를 보내는 효과가 있다.

민사소송의 목표는 '우리 회사의 피해 회복'이다. 침해 행위로 인해 발생한 손해를 금전으로 배상받고(손해배상), 더 이상의 침해 행위를 하지 못하도록 막는 것(침해금지)이 목적이다. 이는 우리 회사의 실질적인 손실을 보전하고, 시장에서의 경쟁력을 회복하기 위한 직접적인 수단이다.

(2) 장점과 단점 비교: 무엇을 먼저 선택할 것인가?

—

두 절차는 각각 뚜렷한 장단점을 가지고 있어 어느 하나가 절대적으로 우월하다고 말하기는 어렵다. 따라서 아래 비교표를 통해 각 절차의 특징을 이해하고, 우리 회사의 상황에 가장 적합한 전략을 수립해야 한다.

구분	형사고소 (Criminal Complaint)	민사소송 (Civil Lawsuit)
목적	가해자 처벌(징역, 벌금)	피해 회복(침해금지, 손해배상)
장점	**· 강제수사:** 경찰/검찰의 **압수수색**을 통해 우리가 확보하기 어려운 결정적 증거 확보 가능 **· 전문 수사:** 지식재산처(구 특허청) 기술경찰(특사경) 또는 경찰청 산업기술안보수사대에 직접 고소하여 기술에 대한 이해도가 높은 전문 수사를 받을 수 있음 **· 강력한 압박:** 가해자는 수사 및 처벌에 대한 부담감으로 합의에 나설 가능성 높음	**· 신속한 조치:** '가처분' 신청을 통해 소송이 끝나기 전이라도 침해 제품의 생산/판매를 즉시 중단시킬 수 있음 **· 징벌적 손해배상:** 입증된 손해액의 최대 **5배까지** 배상을 청구하여 실질적인 피해 회복 및 재발 방지 가능
단점	**· 입증의 어려움:** '고의성' 등 범죄 구성요건을 **'합리적 의심의 여지 없이'** 입증해야 하므로 무혐의 처분 가능성 있음 **· 직접적 보상 불가:** 가해자가 처벌받더라도 우리 회사가 직접 돈을 받는 것은 아님	**· 증거 확보의 어려움:** 증거 수집의 책임이 전적으로 우리에게 있어, 상대가 증거를 숨기면 입증이 매우 어려움 **· 시간과 비용:** 소송 기간이 길고 변호사 비용 등 경제적 부담이 큼
진행 주체	검사(국가기관)	원고(피해 기업)

(3) 변호사의 최종 전략: 투 트랙(Two-Track) 으로 동시에 진행하라!

기술유출 사건에서 가장 효과적인 전략은 2가지 절차를 따로 떼어 생각하는 것이 아니라, 동시에 그리고 상호 보완적으로 활용하는 것이다.

· 1단계(형사고소 선행)

먼저 형사고소를 진행하여 국가기관인 수사기관의 강제수사권(압수수색 등)을 통해 상대방의 PC와 서버에 숨겨진 결정적 증거를 확보한다. 미국과 같은 '디스커버리(Discovery)' 제도가 없어 소송 당사자가 상대방에게 직접 증거 제출을 강제할 수 없는 우리나라의 사법 현실을 고려하면, 압수수색과 같은 강제수사는 영업비밀 침해에 관한 실질적인 증거를 확보할 수 있는 거의 유일한 수단이다. 이는 민사소송에서는 우리가 결코 할 수 없는, 형사 절차만의 가장 큰 장점이다.

· 2단계(민사소송 연계)

형사 절차에서 확보된 증거를 바탕으로 민사소송에서 침해금지 가처분과 손해배상 청구를 제기한다. 이렇게 하면 민사소송의 가장 큰 약점인 '증거 확보의 어려움'을 해결하면서, 신속한 침해 중단과 실질적인 피해 회복이라는 두 마리 토끼를 모두 잡을 수 있다.

이처럼 형사고소와 민사소송은 어느 하나를 선택하는 문제가 아니라, 두 절차의 장점을 유기적으로 결합하여 시너지를 극대화하는 전략적 접근이 필요하다. 다만, 최근 특허침해나 영업비밀 침해 소송에서의 증거수집을 용이하게 하기 위한 '한국형 디스커버리 제도'의 도입이 활발히 논의되고 있다. 시기의 문제일 뿐 언젠가는 도입될 가능성이 높은데, 만약 이 제도가 도입된다면 민사소송 절차 내에서도 상대방이 가진 증거를 확보할 수 있는 길이 열리게 된다. 그렇게 되면 굳이 형사고소를 통하지 않고도 민사소송만으로 효과적인 대응이 가능해지는 등 기술유출 소송의 진행 방향이 크게 달라질 수 있을 것이다.

언론 대응 및 기업 이미지 관리

기술유출 분쟁은 법정에서의 싸움으로만 끝나지 않는다. 특히 분쟁 당사자가 어느 정도 인지도가 있는 기업일 경우, 순식간에 언론의 주목을 받게 되고 이는 또 다른 차원의 전쟁, 즉 '여론전'으로 이어질 수 있다. 이는 잘 활용하면 위기를 기회로 만들 수 있지만, 잘못 대응하면 회복하기 어려운 상처를 입게 되는 '양날의 검'과 같다.

(1) 언론 대응의 양면성: 위기인가, 기회인가?

· 기회

전략적인 언론 대응은 여론을 우리 편으로 만들어 상대방을 압박하고, 분쟁을 유리하게 이끌어가는 강력한 수단이 될 수 있다. "대기업이 중소기업의 기술을 탈취했다"와 같은 프레임은 대기업에게 상당한 부담을 주어, 보다 전향적인 협상안을 이끌어내는 계기가 되기도 한다.

· 위기

반면, 잘못된 언론 대응은 '노이즈 마케팅'으로 비치거나 확인되지 않은 사실을 공표하여 오히려 '명예훼손'으로 역공을 당하는 빌미를 제공할 수 있다. 또한 분쟁이 장기화될 경우 '기술도 제대로 못 지키는 부실한 회사'라는 부정적인 이미지가 덧씌워져 기업 가치에 심각한 타격을 입을 수도 있다.

(2) 언론 대응 기본 원칙: 창구를 단일화하고, 사실에 기반하라

· 창구 일원화

모든 언론 대응은 지정된 단일 창구(대표이사 또는 담당 임원, 홍보팀장 등)를 통해서만 이루어져야 한다. 직원 개개인이 확인되지 않은 사실을 외부에 발설하는 것은 혼란만 가중시킬 뿐이며, 이는 반드시 사내 규정을 통해 금지해야 한다.

· 변호사 검토는 필수

언론에 배포되는 모든 보도자료, 입장문, 인터뷰 예상 질문과 답변 등은 반드시 변호사의 사전 검토를 거쳐야 한다. 법적으로 불리하게 작용할 수 있는 단어 하나, 문장 하나까지 꼼꼼히 확인하여 법적 리스크를 최소화해야 한다.

· 사실에 기반하여 간결하게

감정적인 호소나 과장된 표현은 자제하고, 객관적인 사실관계와 확보된 증거 위주로 입장을 명확하고 간결하게 밝혀야 한다. "현재 법적 절차가 진행 중인 사안으로, 수사/재판을 통해 진실이 명명백백히 밝혀지기를 기대한다"는 원칙적인 입장을 유지하는 것이 가장 안전하고 효과적인 전략이다.

Chapter 2를
마무리하며

Chapter 2의 핵심은 '전략적인 법적 조치'를 통해 상대방을 압박하고, 우리에게 유리한 국면을 만들어가는 것이다.

첫째, '내용증명'은 단순한 편지가 아닌 첫 번째 공격이다.

소송이라는 전면전에 앞서, 내용증명은 상대방에게 우리의 단호한 의지를 전달하는 공식적인 '경고장'이다. 이는 상대방을 심리적으로 압박하여 협상 테이블로 이끌어내는 효과가 있으며, 상대방의 답변을 통해 추가적인 증거를 확보하고 소멸시효를 중단시키는 등 다양한 전략적 가치를 지닌다.

둘째, '형사고소'와 '민사소송'은 함께 사용해야 할 두 개의 칼이다.

'가해자 처벌'을 목적으로 하는 형사고소와 '피해 회복'을 목적으로 하는 민사소송은 그 목표와 성격이 다르다. 특히 증거 확보가 어려운 우리나라의 사법 현실에서, 형사고소를 통해 수사기관의 압수수색이라는 강력한 수단을 활용하여 결정적인 증거를 확보하고, 이를 바탕으로 민사소송을 진행하는 '투 트랙(Two-Track) 전략'은 기술유출 분쟁 대응의 가장 효과적인 공식과도 같다.

셋째, '여론전' 역시 법적 분쟁의 중요한 일부다.

기술유출 분쟁은 법정 밖에서도 이루어진다. 언론 대응은 기업의 이미지를 지키고, 분쟁을 유리하게 이끌어갈 수 있는 중요한 기회이자 동시에 심각한 위기가 될 수 있다. 따라서 창구를 단일화하고, 변호사의 검토를 거쳐, 사실에 기반한 신중하고 전략적인 대응이 반드시 필요하다.

이제 우리는 사전 예방부터 사후 대응의 초기 단계까지, 기술유출이라는 전쟁을 치르기 위한 기본적인 무장과 전략을 갖추었다. 다음 Part 3에서는 이 칼을 실제로 어떻게 휘둘러야 하는지, 즉 본격적인 법적 구제 절차가 어떻게 진행되는지 그 상세한 과정을 하나하나 짚어보도록 하자.

경영자가 반드시 알아야 할
기술유출 대응 시나리오

Part 3

빼앗긴 기술을 되찾는 길
: 법적 구제 절차의 모든 것

Part 1에서 우리는 기술유출을 막기 위한 튼튼한 '방어벽'을 쌓는 방법을, 그리고 Part 2에서는 유출 사고 발생 시 골든타임 내에 증거를 확보하고 법적 조치를 준비하는 '초기 대응' 전략을 알아보았다. 이제 우리는 적진을 향해 포문을 열 준비를 마쳤다.

하지만 전쟁은 이제부터 시작이다. Part 3에서는 우리가 준비한 두 개의 칼, 즉 '형사고소'와 '민사소송'을 실제로 어떻게 휘둘러야 하는지에 대한 구체적인 전투 방법을 다루게 된다. 이 과정은 길고 험난할 수 있으며 고도의 전문성과 전략이 요구되는 본격적인 법률 전쟁이다.

이 장에서는 기술유출 범죄자를 어떤 법으로 처벌할 수 있는지, 고소장 작성부터 재판까지 형사 절차는 어떻게 흘러가는지, 그리고 더 이상의 피해를 막고 실질적인 손해를 배상받기 위한 민사 절차는 어떻게 진행되는지에 대해 상세히 설명한다. 법정이라는 치열한 전쟁터에서 우리의 소중한 권리를 되찾고, 정의를 실현하기 위한 마지막 여정을 함께 시작해 보자.

Chapter 1

형사 절차
– 범죄자를 처벌하는 길

형사 절차는 국가라는 강력한 아군이 우리를 대신해 범죄자를 수사하고 처벌해주는 절차다. 경찰과 검찰의 강제적인 수사 권한을 통해 우리가 접근할 수 없는 증거를 확보하고, 가해자에게 법의 심판을 받게 할 수 있다. 민사 절차가 '피해 회복'에 중점을 둔다면, 형사 절차는 '정의 실현'과 '범죄 억제'에 그 목적이 있다.

어떤 법으로 처벌받는가?

기술유출 범죄에 적용되는 대표적인 법률은 3가지다. 어떤 법을 적용하는지에 따라 처벌의 수위와 입증의 난이도가 달라지므로, 각 법률의 특징을 정확히 이해하고 우리 사건에 가장 적합한 법률을 적용하여 고소 전략을 세워야 한다.

(1) 「부정경쟁방지 및 영업비밀보호에 관한 법률」(부정경쟁방지법)

· 핵심

기술유출 범죄를 다루는 데 있어 가장 기본적이고 핵심적인 법률이다.

· 처벌 대상

부정경쟁방지법 제18조는 '부정한 이익을 얻거나 영업비밀 보유자에게 손해를 입힐 목적'으로 영업비밀을 취득·사용하거나 제3자에게 누설하는 행위를 처벌한다. 여기서 중요한 것은 이 법으로 처벌하기 위해서는 보호 대상 정보가 Part 1에서 설명한 비공지성, 경제적 유용성, 비밀관리성의 3가지 요건을 모두 갖춘 '영업비밀'이어야 한다는 점이다. 한편, 외국에서 사용하거나 사용될 것임을 알면서 유출하는 경우에는 형량이 대폭 가중될 수 있다.

· 특징 및 '부정한 목적'에 대한 법원의 태도

가장 넓은 범위의 기술상·경영상 정보를 보호하지만, '영업비밀'의 성립 요건, 특히 '비밀관리성'을 회사가 입증해야 하는 부담이 있다. 또한, 범죄가 성립하기 위해서는 가해자에게 '부정한 목적'이 있었음이 증명되어야 한다.

'부정한 목적'이란, 영업비밀을 취득한다는 인식(고의)을 넘어, 이를 통해 부당한 이익을 얻으려 하거나 원래의 권리자에게 손해를 입히려는 의도를 의미하는 '목적범'이다. 가해자가 "나쁜 목적이 있었다"고 자백할 리 없으므로, 이 주관적인 의도는 결국 객관적인 정황 증거들을 통해 추론할 수밖에 없다.

이와 관련하여 대법원은 중요한 법리를 확립했다(대법원 2009. 10. 15. 선고 2008도9433 판결). 즉, 부정한 목적이 있었는지 여부는 반드시 확정적인 인식이 아니더라도, 자신의 행위로 인해 부정한 이익이 발생하거나 회사에 손해가 발생할 수 있다는 점을 '미필적으로나마 인식(dolus eventualis)'했다면 인정될 수 있다는 것이다.

그리고 이러한 미필적 인식 여부를 판단하기 위해, 법원은 다음과 같은 여러 사정을 종합적으로 고려한다.

① 유출자의 지위와 경력

해당 영업비밀에 얼마나 쉽게 접근할 수 있었는가?

② 행위의 동기와 경위

왜 정보를 빼돌렸는가? 퇴사를 앞둔 시점이었는가?

③ 행위의 수단과 방법

정상적인 업무 절차를 따랐는가, 아니면 은밀하고 계획적으로 정보를 반출했는가?

(예: 휴일 심야 시간대 접속, 대량의 자료를 개인 이메일/USB로 전송 등)

④ 정보의 내용과 가치

유출된 정보가 회사의 핵심 자산에 해당하는가?

⑤ 이직한 회사와의 관계

유출자가 동종 경쟁업체로 이직했는가? 그곳에서 어떤 직책과 대우를 약속받았는가?

⑥ 유출 정보의 실제 사용 여부

새로운 회사에서 유출된 정보를 실제로 사용하여 제품을 개발하거나 영업에 활용했는가?

결국 법원은 이러한 객관적인 정황들을 사회 통념에 비추어 볼 때 가해자가 자신의 행위가 가져올 결과를 충분히 예상하고도 이를 용인했다고 보이면 '부정한 목적'을 인정하는 것이다.

(2) 「산업기술의 유출방지 및 보호에 관한 법률」 (산업기술보호법)

· 핵심

국가 경제에 미치는 영향이 큰 중요한 기술을 보호하기 위한 특별법으로서, 부정경쟁방지법보다 우선하여 적용될 수 있다.

· 처벌 대상

산업기술보호법 제36조는 절취, 기망, 협박 등 부정한 방법으로 대상기관의 '산업기술'을 취득·사용·누설하는 행위를 처벌한다. 특히 부정경쟁방지법과 유사하게 외국에서 사용하거나 사용될 것임을 알면서 유출하는 경우에는 형량이 대폭 가중된다.

· 특징

이 법의 가장 큰 특징은 보호 대상이 Part 1에서 설명한 '산업기술' 또는 '국가핵심기술'로 한정된다는 점이다. 만약 우리 회사의 기술이 여기에 해당한다면, 부정경쟁방지법보다 훨씬 강력한 처벌을 이끌어낼 수 있다. 예를 들어, 국가핵심기술을 해외로 유출한 경우에는 3년 이상의 유기징역이라는 매우 무거운 처벌을 받게 된다.

(3) 「형법」상 업무상배임죄

· 핵심

앞선 두 법률로 처벌하기 어려울 때 활용할 수 있는 매우 유용한 최후의 안전장치다.

· 처벌 대상

형법 제356조의 업무상배임죄는 회사의 업무를 처리하는 자(직원 등)가 그 임무에 위배하는 행위로 회사에 손해를 끼치고, 자신이나 제3자가 이익을 얻게 한 경우에 성립한다. 여기서 직원이 회사의 중요한 자산을 빼돌리는 행위 자체가 바로 '임무 위배 행위' 즉, 배임행위가 된다.

· 특징

이 죄의 가장 큰 장점은 보호 대상 정보가 부정경쟁방지법상의 '영업비밀'일 필요가 없다는 점이다. 즉, 회사의 관리 소홀로 '비밀관리성'이 부족하더라도 그 정보가 '영업상 주요한 자산'에 해당하고, 직원이 이를 무단으로 유출하여 회사에 손해를 끼쳤다면 업무상배임죄로 처벌할 수 있다. 이는 정보 자체의 법적 지위보다는 직원의 '배신 행위'에 초점을 맞추어 처벌하는 개념이다.

(4) 「국가첨단전략산업 경쟁력 강화 및 보호에 관한 특별조치법」(국가첨단전략산업법)

· 핵심

글로벌 기술 패권 경쟁의 심화와 공급망 위기에 대응하기 위해 제정된 특별법이다. 기존의 산업기술보호법이 개별 산업 기술의 보호에 중점을 두었다면, 이 법은 국가 경제 안보와 직결되는 반도체, 이차전지, 디스플레이 등 '국가첨단전략기술'을 지정하여, 육성과 보호라는 2가지 목표를 동시에 달성하고자 하는 국가 차원의 총력전적 성격을 띤다.

· 처벌 대상

이 법 제15조(국가첨단전략기술의 유출방지 등) 및 제50조(벌칙)는 국가첨단전략기술을 외국에서 사용하거나 사용되게 할 목적으로 유출하는 행위를 엄격히 처벌한다. 특히 주목해야 할 점은 고의로 국가첨단전략기술을 해외로 유출한 자에 대해 5년 이상의 유기징역에 처한다는 점이다. 이는 산업기술보호법의 '3년 이상'보다 하한선이 대폭 상향된 것으로, 현행 대한민국 법체계 내에서 기술 유출 범죄에 대해 규정하고 있는 가장 무거운 법정형이다. 또한 유출된 기술에 대한 침해 행위로 얻은 이익의 가액에 따라 벌금을 병과할 수 있도록 하여 경제적 이득을 원천적으로 박탈한다.

· 특징

이 법은 단순한 사후 처벌을 넘어, 기술의 생성부터 소멸까지 전 주기를 관리하는 강력한 통제 시스템을 도입했다.

① 전략기술의 선별적 지정

산업통상자원부 장관이 지정하는 '국가첨단전략기술'은 파급 효과가 크고 시급한 보호가 필요한 최정예 기술로 한정된다.

② 전문인력의 지정 및 관리

전략기술을 보유한 기업은 해당 기술을 다루는 인력을 '전문인력'으로 지정하여 정부에 등록할 수 있다. 지정된 전문인력에 대해서는 전직 제한 계약 체결이 의무화되며, 필요시 정부가 이들의 출입국 기록을 조회하거나 퇴직 후 일정 기간 동안 유관 기관 취업을 제한하는 등 헌법상 직업 선택의 자유를 일부 제한할 정도로 강력한 관리 권한을 부여한다.

③ 조정 및 징벌적 손해배상

기술 유출 분쟁 발생 시 신속한 해결을 위한 조정 제도를 두고 있으며, 고의적인 유출 행위에 대해서는 손해액의 3배 이내에서 배상 책임을 지우는 징벌적 손해배상 제도를 명문화하여 민사적 억지력을 강화했다.

(5) 「대외무역법」

· 핵심

국제 평화 및 안전 유지와 국가 안보를 위하여 특정 물품이나 기술의 국경 간 이동(수출)을 통제하는 행정 규제적 성격의 법률이다. 기술 자체가 무기화될 수 있다는 관점에서, '전략물자(기술)'가 허가 없이 해외로 이전되는 것을 차단하는 수출 통제 시스템의 근간이다.

· 처벌 대상

대외무역법 제19조(전략물자의 고시 및 수출허가 등) 및 제53조(벌칙)에 따라, 정부의 허가 없이 전략물자(기술 포함)를 수출하거나, 전략물자가 아니더라도 대량파괴무기(WMD) 등의 제조·개발에 이용될 수 있음을 알면서 수출하는 행위 등을 처벌한다. 전략물자를 불법 수출한 경우 7년 이하의 징역 또는 물품(기술) 가격의 5배 이하에 해당하는 벌금에 처해진다. 이는 기술의 경제적 가치보다 안보적 위해성을 기준으로 처벌하는 구조다.

· 특징

다른 기술 유출 관련 법들이 피해 기업의 사익 보호나 산업 경쟁력 유지에 초점을 맞춘다면, 대외무역법은 '절차적 위법성'과 '국제 규범 준수'에 방점을 둔다.

① 무체물 기술이전(Intangible Technology Transfer) 통제

과거에는 유형의 물품 수출만을 규제했으나 현재는 이메

일, USB, 클라우드, 심지어는 해외 컨퍼런스에서의 구두 발표를 통해 기술 데이터를 전송하는 행위도 '수출'의 범주에 포함하여 엄격히 통제한다.

② 간주 수출(Deemed Export)

국내에 소재하더라도 외국인(비거주자)에게 전략기술을 제공하는 행위를 수출로 간주하여 허가를 받도록 규정한다. 이는 외국계 기업의 국내 R&D 센터나 외국인 연구원 채용 시 놓치기 쉬운 법적 리스크다.

③ 행정 제재 등

실제 수출이 이루어지지 않았더라도 처벌이 가능하다. 또한 형사 처벌과 별개로 일정 기간 수출입 금지 등 강력한 행정 제재가 병과되어 기업 활동에 치명적인 타격을 줄 수 있다.

고소장 작성부터 재판까지의 흐름

'고소'는 길고 험난한 형사 절차의 시작을 알리는 출사표와 같다. 단순히 억울함을 호소하는 것을 넘어, 수사기관이 움직일 수밖에 없도록 잘 짜인 논리와 명확한 증거를 제시해야 한다. 전체적인 흐름을 이해하고 있어야 지치지 않고 끝까지 갈 수 있다.

1단계: 고소장 접수

· 어디에?

일반 형사사건과 달리 기술유출 사건은 고도의 전문성이 필요하다. 따라서 일반 경찰서보다는 기술유출 범죄에 대한 전문성을 갖춘 '지식재산처(구 특허청) 기술디자인특별사법경찰(기술경찰)'이나 '경찰청 국가수사본부(산업기술안보수사대)'에 직접 고소장을 제출하는 것이 훨씬 효과적이다. 이들 기관은 기술에 대한 이해도가 높고 전문적인 수사 기법을 갖추고 있어, 보다 신속하고 깊이 있는 수사를 기대할 수 있다.

· 어떻게?

고소장은 변호사와 함께 범죄 사실을 6하 원칙에 따라 명확하게 정리하고, 지금까지 확보한 증거자료(디지털 포렌식 보고서, 비밀유지 서약서, 관련자 진술서 등)도 체계적으로 정리하여 첨부해야 한다. 특히, 유출된 기술이 무엇인지, 그리고 그것이 왜 법적으로 보호받아야 하는 영업비밀(또는 산업기술)에 해당하는지를 법률 요건에 맞추어 설득력 있게 설명하는 것이 중요하다.

2단계: 경찰 수사

고소장이 접수되면 본격적인 수사가 시작된다. 먼저 고소인(회사 담당자, 대표 등)을 불러 피해 사실에 대한 조사를 진행하고, 이를 바탕으로 피의자(유출 혐의자)를 소환하여 조사한다.

이 단계에서 가장 중요한 절차는 바로 '압수수색'이다. 수사 기관은 법원으로부터 영장을 발부받아 피의자의 주거지나 새로운 직장을 압수수색하여, 우리가 확보하지 못했던 개인 PC나 이메일, 은밀하게 보관 중이던 회사 자료 등 결정적인 증거를 확보할 수 있다. 이 압수수색의 성공 여부가 사건의 향방을 가르는 경우가 많다.

3단계: 검찰의 처분

경찰 수사가 마무리되어 혐의가 있다고 판단될 경우 사건은 검찰로 송치되고, 검사는 모든 증거와 진술을 종합하여 사건을 법원으로 넘길지(기소), 아니면 종결할지(불기소)를 최종적으로 결정한다. 그러나 만약 검사가 수사가 미진하다고 판단할 경우 경찰에 보완수사를 요구할 수도 있다.

· 기소

혐의가 충분히 입증되었다고 판단되면, 검사는 피의자를 재판에 넘긴다. 이때 정식 재판을 청구하는 '구공판'과 비교적 가벼운 벌금형을 구하는 '구약식'으로 나뉜다.

'증거불충분'이나 '혐의없음' 등의 이유로 범죄가 성립하지 않는다고 판단되면 사건을 종결한다. 만약 이 결정에 불복할 경우, 우리는 상급 검찰청에 '항고'를 통해 다시 한번 판단을 받아볼 수 있다.

4단계: 형사 재판

기소되면 법원에서 1심 재판이 진행된다. 검사는 피고인의 범죄를 입증하고, 피고인과 변호인은 무죄를 주장하며 치열한 법리 다툼을 벌인다. 엄밀히 말해 형사 재판의 당사자는 국가를 대리하는 '검사'와 범죄 혐의를 받는 '피고인'이므로, 피해자인 회사가 직접 당사자로서 재판에 관여할 수는 없다.

하지만 실무적으로는 기술적 내용이 중요한 쟁점이 되는 경우가 많아, 검사가 피해 회사 측에 기술에 대한 의견 제출을 요청하거나 전문가로서의 증언을 요청하는 등 간접적으로 재판에 관여할 기회가 자주 발생한다. 경우에 따라서는 재판부가 직접 피해 회사의 의견을 듣기 위해 진술 기회를 부여하기도 한다. 물론 이러한 절차와 별개로, 피해자로서 가해자의 엄벌을 요구하는 '탄원서' 등은 언제든지 재판부에 제출할 수 있다. 1심 판결에 불복하는 경우, 2심(항소심)과 3심(대법원)을 거쳐 최종 판결이 내려지게 된다.

고소는 시작일 뿐이다

수사 과정에서 수사관의 질문에 일관되고 논리적으로 답변하고, 요청하는 자료를 신속히 제출하는 등 적극적으로 협력해야 좋은 결과를 얻을 수 있다. 변호사와 긴밀히 소통하며 수사 진행 상황을 파악하고, 각 단계에 맞는 최적의 전략을 세워 체계적으로 대응하는 것이 필수적이다.

'부정한 목적'은
어떻게 입증하는가?

부정경쟁방지법상 영업비밀 침해죄가 성립하려면 가해자에게 '부정한 이익을 얻거나 영업비밀 보유자에게 손해를 입힐 목적'이 있었음이 입증되어야 한다. 이는 가해자의 마음속 주관적인 의도에 관한 문제이므로, 직접적인 증거를 찾기 어렵다. "나쁜 목적이 없었다"고 잡아떼는 가해자를 상대로, 어떻게 그의 나쁜 의도를 법정에서 증명해낼 수 있을까?

(1) 객관적 정황으로 주관적 의도를 추론하는 법원의 방식

법원은 가해자의 내심을 들여다볼 수 없으므로, 결국 행위

전후의 객관적인 상황과 정황들을 종합하여 그로부터 주관적인 목적을 추론해내는 방식을 취한다. 즉, "이러한 상황에서는 사회 통념상 부정한 목적이 있었다고 보는 것이 합리적이다"라고 판단하는 것이다.

앞서 소개한 대법원 판례(2008도9433)가 제시한 종합적 고려 요소들, 즉 유출자의 지위, 행위의 동기와 수단, 이직한 회사와의 관계, 정보의 가치, 실제 사용 여부 등이 바로 법원이 가해자의 마음을 읽기 위해 사용하는 '돋보기'들이다.

(2) '부정한 목적'이 인정되는 전형적인 패턴

수많은 판례를 분석해 보면, 법원이 '부정한 목적'을 쉽게 인정하는 몇 가지 전형적인 패턴을 발견할 수 있다. 만약 우리 사건이 아래 패턴 중 하나 이상에 해당한다면, 부정한 목적을 입증하는 데 매우 유리한 고지를 점할 수 있다.

· 패턴 1: '퇴사 직전 + 경쟁사 이직 + 대량의 자료 반출'

퇴사를 앞둔 직원이 자신의 업무 범위를 벗어나는 대량의 자료를 개인 이메일이나 USB 등에 옮긴 뒤, 곧바로 동종 경쟁업체로 이직하는 경우는 부정한 목적을 인정하는 가장 전형적인 사례다. 법원은 이러한 경우, 특별한 사정이 없는 한 반출된 자료를 새로운 직장에서 사용하거나 그에 상응하는 이익을 얻으려는 목적이 있었다고 강하게 추정한다.

· 패턴 2: 계획적이고 은밀한 유출 행위

정상적인 업무 시간이나 절차를 벗어난 행위는 부정한 목적의 강력한 증거가 된다. 휴일이나 심야 시간에 회사에 접속하여 자료를 다운로드하거나 회사 보안 시스템을 우회하려는 시도를 하거나 자료를 여러 개로 분할하여 조금씩 빼돌리는 등의 계획적이고 은밀한 행위는 "업무 인수인계를 위해서였다" "개인적인 학습 목적이었다"는 식의 변명을 무력화시킨다.

· 패턴 3: 유출 정보의 '실제 사용' 정황 포착

유출된 정보가 경쟁사의 제품 개발이나 영업 활동에 실제로 사용된 정황이 포착된다면 부정한 목적을 입증하는 데 매우 유리하다. 예를 들어, 우리 회사의 설계도면과 거의 동일한 제품이 경쟁사에서 출시되거나, 우리 회사의 고객 명단을 이용하여 경쟁사가 영업 활동을 펼친 사실이 확인된다면, 이는 정보를 사용할 목적이 있었음을 명백히 보여주는 증거가 된다.

입증 전략의 핵심: 객관적 행위에 집중하라

'부정한 목적'이라는 주관적 요건 때문에 지레 겁먹을 필요는 없다. 실무적으로 법원은 ① '영업비밀'에 해당하는 정보를 직원이 무단으로 ② '유출'하여 ③ '사용'한 객관적인 사실이 인정되면 특별한 사정이 없는 한 '부정한 목적'이 있었다고 추정하는 경향이 강하다. 따라서 피해 기업은 가해자의 복잡한 내심을 파고들기보다 ① 해당 정보가 왜 법적으로 보호받는 영업비밀인지 ② 가해자가 어떤 방법으로 정보를 가져갔는지 ③ 그 정보를 어떻게 사용했는지 객관적 증거(디지털 포렌식 자료, 감정 결과 등)로 명확히 입증하는 데 집중하는 것이 훨씬 효과적이다. 가해자의 행동이 사회 통념과 상식에 얼마나 어긋나는지를 설득력 있게 보여주는 것이 '부정한 목적'을 간접적으로 증명하는 가장 확실한 길이다.

Chapter 1을
마무리하며

지금껏 기술유출 범죄자를 처벌하기 위한 형사 절차의 A to Z를 살펴보았다. 복잡하고 긴 여정이지만, 핵심은 명확하다.

첫째, 우리에게는 3가지 법률이라는 강력한 무기가 있다.

기술유출에 대응하기 위해 우리는 부정경쟁방지법, 산업기술보호법, 그리고 형법상 업무상배임죄라는 3가지 법률을 활용할 수 있다. 가장 넓게 적용되는 부정경쟁방지법은 '영업비밀'의 3요건과 '부정한 목적'을 입증해야 하는 과제가 있지만, 국가 경제와 직결되는 '산업기술'이나 '국가핵심기술'에 해당한다면 산업기술보호법을 통해 더욱 강력한 처벌을 이끌어낼 수 있다. 또한, '비밀관리성'이 부족하더라도 '영업상 주요자산'을 빼돌린 직원의 배신 행위는 업무상배임죄로 처벌할 수 있다는 점을 기억해야 한다.

둘째, 형사 절차는 '증거'로 시작해 '증거'로 끝나는 과정이다.

형사 절차의 성패는 얼마나 설득력 있는 '객관적인 증거'를 제시하느냐에 달려 있다. 고소는 단순히 피해 사실을 알리는 것을 넘어, 범죄 사실을 체계적으로 정리하고 증거를 통해 뒷받침하는 과정이다. 특히, 수사기관의 압수수색은 우리가 접근할 수 없는 결정적인 증거를 확보할 수 있는 절호의 기회이므로, 고소 단계부터 이를 염두에 둔 전략적인 접근이 필요하다.

셋째, '부정한 목적'이라는 산은 생각보다 높지 않을 수 있다.

가해자의 마음속을 들여다볼 수 없어 '부정한 목적'의 입증을 막막하게 생각할 수 있다. 하지만 법원은 가해자의 주관적인 의도를 객관적인 정황을 통해 추론한다. 특히 실무적으로는 '영업비밀'을 '무단으로 유출'하여 '사용'한 사실이 객관적으로 증명된다면, 부정한 목적은 사실상 추정되는 경향이 강하다. 따라서 우리는 가해자의 의도를 파헤치기보다, 그가 한 '행위'를 객관적인 증거로 입증하는 데 집중해야 한다.

Chapter 2에서는 우리 회사가 입은 실질적인 손해를 배상받고, 더 이상의 기술 침해를 막기 위한 '민사 절차'에 대해 상세히 알아보도록 하자.

Chapter 2

민사 절차

- 손해를 배상받는 길

형사 절차가 가해자를 '처벌'하는 데 목적이 있다면, 민사 절차는 우리 회사가 입은 '손해'를 직접적으로 회복하는 과정이다. 아무리 가해자가 형사처벌을 받더라도, 그 자체만으로 우리 회사의 금전적 손실이 보전되거나 침해된 경쟁력이 회복되지는 않는다. 따라서 실질적인 피해 구제를 위해서는 민사 절차의 활용이 필수적이다.

이 장에서는 더 이상의 피해 확산을 막는 가장 신속하고 강력한 조치인 '침해 금지 가처분'부터 우리 회사의 손해를 돈으로 환산하여 배상받는 '손해배상 청구' 그리고 영업비밀 보호기간의 의미까지, 민사 절차의 핵심적인 내용들을 상세히 살펴본다.

더 이상의 피해를 막는다
: 침해금지 가처분

본격적인 민사소송은 짧게는 수개월에서 길게는 몇 년까지 걸릴 수 있다. 그 긴 시간 동안 경쟁사가 우리 기술로 만든 제품으로 시장을 잠식하고 고객을 빼앗아간다면, 나중에 승소하더라도 이미 돌이킬 수 없는 피해를 입은 뒤일 수 있다. 이를 막기 위한 '법적 응급조치'가 바로 '침해금지 가처분'이다.

(1) '가처분'이란 무엇인가?

가처분은 본안 소송의 판결이 나기 전에, 법원에 임시로 상대방의 침해 행위(예: 제품의 생산, 판매, 광고 등)를 금지해달라고 요청하는 신속한 보전 절차다. 법원의 결정이 내려지면 즉시

효력이 발생하는, 일종의 '법적 긴급정지' 명령이라고 생각하
면 된다.

(2) 왜 중요한가?
: "시간은 우리 편이 아니다"

가처분 신청이 인용(받아들여짐)되면, 상대방은 즉시 침해 제
품의 생산과 판매를 중단해야 한다. 이는 시장 선점 효과를 막
는 가장 직접적인 수단이자, 상대방을 협상 테이블로 끌어내는
강력한 압박 카드가 된다. 많은 기술유출 분쟁이 이 가처분 단
계에서 사실상 승패가 갈리거나 유리한 조건으로 합의가 이루
어지는 경우가 많다.

(3) 법원은 무엇을 보는가?

가처분은 신속한 절차인 만큼, 법원은 2가지 핵심 요건을 중
심으로 판단한다.

· **피보전권리**(보호받을 권리가 있는가?)

우리 기술이 영업비밀에 해당하며, 상대방이 이를 침해했다는 사실을 '소명'해야 한다. 여기서 주의할 점이 있다. 특허권이나 영업비밀 침해금지를 구하는 가처분은 법적으로 '임시의 지위를 정하는 가처분'에 해당한다. 이는 본안 소송의 승소 판결과 거의 동일한 효과를 가져오는 강력한 조치이기 때문에, 일반적인 가처분과 달리 법원은 반드시 양 당사자를 모두 불러 직접 주장을 들어보는 '심문기일'을 열게 된다. 따라서 '소명'이라는 단어에 안심해서는 안 된다. 실무적으로는 이 심문기일에서 침해 사실에 대해 본안 소송에 준할 만큼 상당히 명확하게 입증할 수 있어야만 법원의 인용 결정을 받아낼 수 있다.

· **보전의 필요성**(지금 당장 막아야 할 필요가 있는가?)

가처분 없이 이 상태를 방치할 경우, 나중에 본안 소송에서 이기더라도 '회복할 수 없는 손해'가 발생할 것이라는 점을 설득해야 한다. 급격한 시장 점유율 하락, 핵심 거래처 이탈, 기업 이미지의 심각한 손상, 영업비밀의 완전한 공개 위험 등이 여기에 해당한다.

(4) '담보 제공'이라는 관문

    법원은 만약 나중에 본안 소송에서 우리가 패소할 경우, 가처분으로 인해 상대방이 입게 될 손해를 담보하기 위해 우리에게 일정 금액의 담보 제공을 명령한다. 이 담보는 현금 공탁 또는 보증보험증권 제출로 이루어지는데, 이는 가처분 신청 시 반드시 고려해야 할 현실적인 비용 부담이다. 특히 최근 법원 실무에서는 기술유출 사건의 중대성을 고려하여 현금 공탁의 비율을 높이는 추세이므로, 공탁 금액 전액을 비교적 저렴한 보증보험증권으로 대체할 수 있는 경우는 많지 않다는 점을 유의해야 한다. 하지만 승소에 대한 확신이 있다면, 이는 반드시 넘어야 할 관문이다.

우리 회사의 손해, 어떻게 돈으로 환산할까? : 손해배상 청구

침해금지 가처분을 통해 급한 불을 껐다면, 이제는 그동안 입은 피해를 실질적으로 보상받을 차례다. 민사소송의 또 다른 핵심 목표는 바로 '손해배상 청구'를 통해 금전적인 피해를 회복하는 것이다. 하지만 이를 위해서는 눈에 보이지 않는 기술의 가치와 그로 인한 피해액을 객관적인 금액으로 환산하는 것이 반드시 필요하다. 이는 기술유출 소송에서 가장 어렵고 복잡한 과정 중 하나이다.

우리 법은 이러한 입증의 어려움을 덜어주기 위해, 피해 기업이 손해액을 산정하는 데 도움을 주는 몇 가지 합리적인 추정 규정을 법률로 마련해두고 있다.

(1) 법이 인정하는 손해액 산정 방식 (부정경쟁 방지법 제14조의2)

① 침해자가 얻은 이익액으로 추정

· 내용

상대방(침해자)이 우리 기술을 도용하여 제품을 팔아 얻은 '이익액'을 우리 회사가 입은 손해액으로 추정하는 방식이다(동조 제2항). 예를 들어, 상대방이 침해 제품을 팔아 10억 원의 매출을 올렸고, 그 과정에서 들어간 비용을 제외한 순이익이 3억 원이라면, 이 3억 원을 우리의 손해액으로 주장할 수 있다.

· 장점

상대방의 구체적인 이익액만 입증하면 되므로, 우리의 손실을 직접 증명하는 것보다 수월할 수 있다.

· 단점

상대방의 매출 자료나 원가 자료를 확보하기가 현실적으로 매우 어렵다. 또한, 상대방이 "우리의 이익은 다른 요인(마케팅, 브랜드 가치 등)에 의한 것이지, 당신네 기술 때문이 아니다"라고 반박할 경우, 그 기여도를 놓고 복잡한 다툼이 벌어질 수 있다.

② 우리가 잃어버린 이익액으로 추정

· 내용

기술유출이 없었다면 우리가 그 제품을 팔아서 얻을 수 있었던 '잃어버린 이익액'을 손해액으로 산정하는 방식이다(동조 제1항). 이는 '(우리가 생산할 수 있었던 침해품의 수량) × (우리 제품의 단위당 이익액)'으로 계산된다.

· 장점

우리 회사의 내부 자료를 바탕으로 손해액을 주장할 수 있어 자료 화보가 비교적 용이하다.

· 단점

상대적으로 산정이 용이하지만, 우리 회사의 이익액을 침해자인 상대방에게 공개해야 한다는 문제가 있다. 또한, 시장 상황 변화 등 다른 매출 감소 요인이 있다면 손해액이 깎일 수 있다.

③ 합리적인 로열티(실시료) 상당액

· 내용

만약 상대방이 합법적으로 우리에게 기술 사용 허락(라이선스)을 받았다면 통상적으로 지불했을 법한 금액, 즉 '합리적인 실시료'를 손해액으로 청구하는 방식이다(동조 제3항).

· 장점

위 2가지 방법으로 손해액 산정이 어려울 때 활용할 수 있는 상대적으로 가장 입증이 편한 방법이다. 상대방의 매출액만 확인할 수 있으면(국세청 자료 등을 통해 확인할 수 있다) 매출액에 일정 수준의 실시료율을 곱하여 계산할 수 있다.

· 단점

실제 피해액에 비해 배상액이 낮게 산정될 수 있다는 한계가 있다.

한편, 동조 제5항에서는 영업비밀 침해행위로 인해 손해발생 자체는 인정되지만, 그 손해액을 입증하는 것이 성질상 극히 곤란한 경우에는 법원이 변론 전체의 취지와 증거조사 결과에 기초하여 상당한 손해액을 인정할 수 있다고 규정한다. 사건의 성질상 또는 상대방이 협조하지 않아 손해액 산정이 어려운 경우에는 법원이 이 조항을 통해 임의로 손해액을 결정하는 것이 실무이다. 다만, 이 경우에도 법원은 앞서 설명한 침해자의 이익, 권리자의 손해 및 로열티 상당액 등을 종합하여 적절한 수준으로 손해액을 결정하기 때문에, 손해액 산정을 법원에 맡겨둬서는 안 되고, 입증을 위해 가능한 최선을 다하여야 한다.

(2) 기술 탈취는 '남는 장사'가 아니다
: 징벌적 손해배상 (Punitive Damages)

가장 주목해야 할 제도는 바로 '징벌적 손해배상'이다. 이는 침해자의 행위가 고의적이고 악의적이라고 인정될 경우, 위에서 산정된 실제 손해액을 넘어선 징벌적 성격의 배상금을 추가로 부과하는 제도다.

· 제도 도입의 배경

과거에는 '손해를 본 만큼만 배상한다'는 전통적인 손해배상 원칙 때문에, 기술을 훔쳐 얻는 막대한 이익이 적발 시 배상해야 할 금액보다 훨씬 크다는 인식이 팽배했다. 이는 사실상 기술 탈취를 부추긴다는 비판으로 이어졌다. 이러한 문제를 해결하기 위해 우리 부정경쟁방지법에 징벌적 손해배상 제도가 도입되었으며, 특히 2024년 8월부터 시행된 개정법은 고의적인 특허권, 영업비밀, 아이디어 탈취 행위에 대한 징벌적 손해배상 한도를 기존 3배에서 최대 5배까지 대폭 상향했다. 이는 기술 탈취는 결코 '남는 장사'가 될 수 없다는 강력한 사회적 메시지를 담고 있다.

· 판례의 태도와 실무적 시사점

최근 법원은 징벌적 손해배상을 실제로 인정하며 제도의 실효성을 확인해주고 있다. 비록 특허 침해 사건이지만, 특허법원은 고의적인 침해에 대해 2배의 징벌적 손해배상을 인정한 바 있다(특허법원 2024. 1. 18. 선고 2021나2193 판결 참조). 이 사건에서 법원은 피고가 ▲특허의 존재를 명확히 알면서도 무단으로 사용한 점, ▲원고의 침해 중단 요구(내용증명 등)를 받고도 이를 묵살한 점, ▲관련 소송에서 패소하고도 침해를 지속한 점 등을 '고의성'의 핵심 근거로 판단했다.

이러한 법원의 태도는 향후 영업비밀 침해 사건에서도 '고의성'을 판단하는 중요한 기준이 될 것이다. 따라서 피해 기업 입장에서는 Part 2에서 설명한 내용증명 발송 등을 통해 상대방에게 침해 사실을 명확히 알리고 중단을 요구하는 조치를 초기에 취하는 것이 매우 중요하다. 상대방이 이에 응하지 않을 경우 이는 '고의성'을 입증할 강력한 근거를 미리 확보하여 향후 징벌적 손해배상을 이끌어내는 핵심적인 전략이 되기 때문이다.

영업비밀 침해금지기간과 보호기간의 이해

침해금지 가처분이나 본안 소송을 통해 법원으로부터 침해금지 명령을 받아냈다고 해서, 영원히 상대방의 제품 생산이나 판매를 막을 수 있는 것은 아니다. 법원이 인정하는 '금지 기간'에는 합리적인 한계가 있으며, 이를 이해하는 것은 소송 전략을 세우는 데 매우 중요하다.

(1) 영구적 권리 vs 한시적 금지 : 보호기간과 침해금지기간의 차이

· 영업비밀 보호기간

우리 기술이 '영업비밀'로서의 요건(비공지성, 경제적 유용성,

비밀관리성)을 충족하고 있는 한, 그 권리의 보호기간은 원칙적으로 영구적일 수 있다. 코카콜라의 제조법처럼 계속하여 비밀로 유지된다면, 그 권리 또한 계속 존속하는 것이다.

· 침해금지기간

하지만 법원이 침해자에게 명령하는 침해'금지'기간은 영구적이지 않다. 이 기간은 "침해자가 우리 기술을 훔치지 않고, 스스로 연구개발했거나 다른 정당한 방법으로 기술을 취득하는 데 통상적으로 걸렸을 시간"으로 제한되는 것이 일반적이다.

(2) 왜 기간을 제한하는가?
: '헤드 스타트(Head Start)' 이론

법원이 침해금지기간을 제한하는 근거는 '헤드 스타트(Head Start) 이론'에 있다. 이는 침해자가 기술을 탈취함으로써 부당하게 얻은 '출발선에서의 우위', 즉 남들보다 앞서 출발한 시간을 박탈하여 공정한 경쟁의 장으로 되돌려 놓아야 한다는 개념이다.

예를 들어, 특정 기술을 독자적으로 개발하는 데 통상 3년이

걸린다고 가정해 보자. 침해자가 이 기술을 훔쳐 즉시 제품을 출시했다면, 그는 3년이라는 시간을 부당하게 번 셈이다. 따라서 법원은 이 '부당하게 번 시간(Head Start)'인 3년 동안 침해행위를 금지함으로써, 그가 부당하게 얻은 이익을 무력화시키는 것이다. 그리고 3년이 지난 후에는 어차피 침해자도 합법적으로 기술을 개발했을 것이라고 보기 때문에, 그 이후까지 판매를 막는 것은 자유로운 시장 경쟁을 과도하게 제한하는 것이라고 판단한다.

(3) 금지기간은 어떻게 정해지는가?
: 법원의 종합적 판단 기준

침해금지기간은 법원이 여러 사정을 종합적으로 고려하여 결정한다. 대법원은 침해금지기간을 산정함에 있어 "형평의 원칙에 비추어 현저히 불합리하지 않는 한 사실심의 전권사항"이라고 판시하면서도(대법원 2019. 9. 10. 선고 2017다34981 판결), 다음과 같은 요소들을 종합적으로 고려해야 한다고 제시하고 있다.

① 기술정보의 내용과 난이도

② 침해자가 독자적으로 개발하거나 역설계하는 데 필요한 시간

③ 영업비밀 보유자가 해당 기술을 취득하기 위해 들인 시간과 비용

④ 해당 기술 분야의 발전 속도 및 기술의 라이프사이클

⑤ 침해자의 인적·물적 설비(기술을 얼마나 빨리 모방할 수 있는가)

⑥ 근로자의 직업선택의 자유 및 영업의 자유

또한, 법원은 직원의 전직과 함께 영업비밀 자료가 유출된 경우, 침해금지기간이 시작되는 시점(기산점)을 '근로자의 퇴직 시점'으로 보고 있다(대법원 1998. 2. 13. 선고 97다24528 판결). 이는 예측 가능성과 공정성을 확보하기 위함이다.

(4) 업종별 특성에 따른 기간 산정 경향

법원은 위와 같은 종합적인 기준을 바탕으로, 산업별 특성을 반영하여 침해금지기간을 차별화하는 경향을 보인다.

· 첨단 기술 산업(1~2년)

반도체, IT/소프트웨어, 전자부품 등 기술 변화 속도가 매우 빠른 산업에서는 영업비밀의 경제적 가치가 단기간에 소멸한다고 보아 1~2년의 비교적 짧은 금지 기간을 인정하는 경향이 있다.

· 전통 제조업(2~3년)

반면, 제품 개발 주기가 길고 설비 투자에 많은 시간이 소요되는 전통 제조업 분야에서는 상대적으로 긴 2~3년의 금지 기간이 인정되기도 한다.

· 의약품/바이오 산업(3~7년)

특히 임상시험과 규제 당국의 승인에 오랜 시간이 걸리는 제약/바이오 산업의 경우, 3년 이상, 길게는 7년까지도 금지 기간이 인정되는 등 가장 긴 보호를 받는 특징이 있다.

결국, 침해금지기간은 우리 기술의 가치와 노력을 법정에서 얼마나 설득력 있게 입증하느냐에 따라 달라질 수 있다.

지금까지 우리는 형사 절차를 통해 가해자를 처벌한 뒤, 우리 회사의 실질적인 피해를 회복하기 위한 민사 절차의 핵심적인 내용들을 살펴보았다. 민사 절차는 빼앗긴 기술과 시장을 되찾기 위한 가장 직접적이고 현실적인 싸움이다.

첫째, '침해금지 가처분'은 피해 확산을 막는 가장 신속한 응급조치다.

소송이 진행되는 동안에도 피해는 계속될 수 있다. 침해금지 가처분은 본안 판결 전에 상대방의 침해 행위를 즉시 중단시키는 강력한 수단으로, 시장 선점 효과를 막고 상대방을 협상 테이블로 이끌어내는 데 결정적인 역할을 한다. 다만, 본안 소송에 준하는 명확한 '소명'과 '담보 제공'이라는 관문을 통과해야 한다는 점을 기억해야 한다.

둘째, 손해액 산정은 법이 정한 '추정 규정'을 적극적으로 활용해야 한다.

눈에 보이지 않는 기술의 가치를 돈으로 환산하는 것은 매우 어려운 일이다. 우리 법은 이러한 어려움을 덜어주기 위해 '침해자가 얻은 이익액' '우리가 잃어버린 이익액' '합리적인 로열티'라는 3가지 기준으로 손해액을 추정할 수 있도록 돕고 있다. 우리에게 가장 유리한 산정 방식을 선택하고, 이를 뒷받침할 객관적인 자료를 철저히 준비하는 것이 중요하다.

셋째, '징벌적 손해배상'은 기술 탈취가 결코 남는 장사가 아님을 보여주는 강력한 무기다.

침해자의 행위가 고의적이라고 판단될 경우, 법원은 실제 손해액의 최대 5배까지 배상을 명령할 수 있다. 이는 단순한 피해 복구를 넘어, 부정한 기술 탈취 행위를 근절하려는 우리 법의 강력한 의지를 보여준다. 따라서 내용증명 발송 등을 통해 상대방의 '고의성'을 입증할 근거를 초기에 확보하는 전략이 매우 중요하다.

넷째, '침해금지기간'은 기술의 가치와 산업의 특성에 따라 결정된다.

법원이 인정하는 침해금지기간은 영구적이지 않으며, 침해 자가 부당하게 얻은 '헤드 스타트(Head Start)'를 박탈하는 수준 에서 결정된다. 따라서 우리 기술의 개발 난이도, 투자 비용, 기 술의 라이프사이클 등을 구체적으로 입증하여 합리적인 금지 기간을 인정받는 것이 소송의 또 다른 핵심 과제다.

이것으로 기술유출이라는 거대한 전쟁을 치르기 위한 모든 법적 무기와 전략에 대한 설명을 마친다. Part 1의 '사전 예방' 부터 Part 3의 '법적 구제'까지, 이 책에서 제시한 내용들이 담 당자 여러분의 든든한 지침서가 되기를 바란다.

참고사항

이 책에서 설명한 형사 절차 관련 내용들은 현재 논의되고 있는 검찰조직 내 지 수사, 기소 체계 개편 결과나 업무상 배임죄 폐지를 위한 입법 논의에 따라 상 당 부분 변화가 있을 수 있는 점을 향후 실무에 참고하실 필요가 있다. 또한 '한 국형 디스커버리 제도'와 같이 각 당사자의 입증 책임 수준에 변화를 가져올 수 있는 제도 개편 움직임 또한 실무에 큰 영향을 줄 수 있는 사항으로 눈여겨 볼 필요가 있다.

아울러, 원사업자(통상 대기업)와 수급사업자(통상 중소기업) 사이의 기술 탈취 사건에 해당할 경우, 하도급거래 공정화에 관한 법률(하도급법)에 기하여 수급사업자가 공정거래위원회의 조사 절차를 활용하는 것 또한 실무적으로 고 려될 수 있는 방안이나, 이 책에서 다루는 내용의 범위에서는 제외했다.

기술보호 실전 '법률' 매뉴얼

펴낸날 초판 1쇄 2026년 3월 31일

지은이 여현동, 황규호, 신상명, 이루네
펴낸이 임혁준
펴낸곳 더스토리정글
출판등록 2023년 12월 4일 제2023-000131호
(07788) 서울시 강서구 마곡중앙로 161-8 두산더랜드파크 B동 1007호
전화 02)6365-2001
팩스 02)6499-2040
onenessmedia@naver.com

ISBN 979-11-990246-6-3 (13360)

이 도서의 국립중앙도서관 출판시도서목록(CIP)은 서지정보유통지원
시스템 홈페이지(http://seoji.nl.go.kr)와 국가자료공동목록시스템
(http://www.nl.go.kr/kolisnet)에서 이용하실 수 있습니다.

• 책값은 뒤표지에 표시되어 있습니다.
• 잘못된 책은 구입하신 서점에서 교환해 드립니다.

책임편집 서지영